현대
투자론

입문

현대 투자론

입문

조승모 지음

한국학술정보㈜

이 책을 부모님께 바칩니다.

서 문

　2008년 금융위기로 인해 세계적으로 금융산업이 그 이전에 비해 위축된 것은 사실이다. 하지만, 적어도 우리나라의 경우에 이는 사실이 아닌 것 같다. 우리나라를 동북아 금융허브로 육성하려는 정부의 노력에 보조를 맞추어 우리 금융계와 대학도 여러 가지 측면에서 금융산업의 경쟁력 강화에 힘쓰고 있기 때문이다. 특히, 기존의 아시아 금융허브인 홍콩과 싱가폴에 비해 우리나라가 차별화할 수 있는 부분은 금융전문인력의 양성에 있다고 보고, 금융계와 대학은 금융전문인력의 양성에 온 힘을 쏟고 있는 실정이다.

　이러한 측면에서, 학부수준 혹은 MBA수준에서 금융전문인력을 키워내기 위한 적절한 교재의 개발은 의미 있는 일이라 하겠다. 특히, 기존에 영문이나 국문으로 저술된 수많은 우수한 교재들에도 불구하고, 한 학기 15주 혹은 16주 동안의 강의에 적합한 분량을 담고 있는 교재는 없는 것 같다. 본서는 이러한 필요에 부응하기 위해, 한 학기 동안 투자론 강의를 통해 투자론의 핵심 이론을 다루는 교재를 목표로 집필되었다. 본서는 2011년 1학기에 경북대학교 경영학부에서 필자가 담당한 "투자론" 강의의 강의노트를 바탕으로 작성된 만큼, 그 분량이나 내용에 있어서 한 학기 동안의 투자론 강의교재로 무리가 없다고 생각한다.

본서는 강의교재로 사용하기 위해 저술되었지만, 가능한 한 모든 배경지식을 친절하게 설명하고자 하고 있으므로, 고등학교 수학에서 사용하는 수학연산기호를 숙지한 정도라면 누구나 본서를 독학할 수 있을 것으로 기대한다. 또한, 고등학교 인문사회계열 교과과정상 미적분학과 확률론을 학습하지 않고 대학에 진학한 학생들을 위하여, 이들 내용 또한 책 속에 담았다.

본서를 저술함에 있어 저자 나름대로 만전을 기하였으나, 혹시라도 오탈자나 오류가 남아 있다면, 이는 전적으로 저자의 부덕의 소치이다. 아무쪼록 부족한 이 책이 교수님들과 학생들을 비롯한 여러 독자들에게 도움이 되기를 바라는 바이다.

2011년 10월 25일

저자 조 승 모

차 례

제 1 장

투자론의 기초

이 장에서는 현대 자본주의의 핵심 경제주체인 기업에 대해 알아보고, 기업이 그 설립과 운영을 위해 자금을 조달하는 창구인 금융시장에 대해 살펴본다. 이를 통해 투자론이 어떤 학문분야인지 알아보기로 한다.

1.1 자본조달과 투자

공동의 목표(common goal)를 가진 사람들이 재화(goods)나 용역(service)을 개발, 생산, 분배하는 모임을 *조직(organization)*이라 한다. 재화(goods)나 용역(service)을 생산·판매하여 이윤(profit)을 목적으로 하는 영리조직(profit organization)을 *기업(business organization)*이라 하며, 이윤을 목적으로 하지 않는 조직을 *비영리조직(nonbusiness organization, nonprofit organization)*이라 한다.

기업을 설립하기 위해 조달한 자금을 *자본(capital)*이라 하며, 그중 기업의 소유자가 납입한 부분을 *자기자본(owners'* *equity)*, 외부에서 타인으로부터 빌려온 부분을 **타인자본 혹은 부채*(debt, liabilities)***라 한다. 따라서, 다음과 같은 등식이 성립한다.

$$\text{자본} = \text{자기자본} + \text{부채}. \tag{1.1}$$

이렇게 조달한 자본으로 마련한 유무형의 기업실체를 포괄하여 **자산*(asset)***이라 한다. 조달한 자본을 투자하여 얻은 결과물이 자산이므로, 다음과 같은 등식이 성립한다.

$$\text{자산} = \text{자본}. \tag{1.2}$$

식 1.1과 식 1.2에 의해 다음의 등식이 성립하는데, 이를 **회계항등식*(accounting identity)***이라 한다.

$$\text{자산} = \text{자기자본} + \text{부채}. \tag{1.3}$$

기업의 설립 및 운영을 위해 자본을 신규로 혹은 추가로 조달하는 제반활동을 **자본조달활동*(financing activity)***이라 하고, 기업이 조달된 자본으로 자산을 구입하고 증식하는 제반활동을 **투자활동*(investment activity)***이라 한다. 또한, 기업의 자산을 이용하여 재화와 용역을 생산하고 이윤을 추구하는 제반활동을 **영업활동*(operating activity)***이라 한다.

이중에서 자본조달활동 및 투자활동과 관련된 현상을 연구하는 학문을 **재무론, 재무학, 혹은 금융학*(finance)***이라 하며, 특히 투자활동을 다루는 분야를 **기업재무*(corporate*** *finance*) 혹은 *재무관리(financial management)*, 자본조달활동을 다루는 분야를 *투자론(investment)*이라 한다. 영업활동은 여타의 경영학분야에서 다룬다.

투자론은 *기업*의 투자활동이 아니라 *자본조달활동*을 다룬다. 즉, 투자론은 기업에 대한 *자본제공자(capital provider)*의 *투자활동*을 다룬다. 투자활동에서 가장 중요한 주제가 *투자기법(investment strategy)*과 *가치평가(valuation)*인 만큼, 이 두 주제는 투자론의 핵심을 이루며, 이 책에서는 이 두 주제를 중심으로 모든 논의를 진행하기로 한다.

*투자(investment)*라는 용어는 학문분야나 상황에 따라 서로 다른 의미로 종종 사용되는데, 투자론에서는 포괄적으로 *이익을 기대하고 자금을 특정 활동에 투입하는 모든 활동을 투자(investment)*라 일컫는다. 이는 생산활동에 자본(capital)을 투입하여 실물자산(asset)을 증식하는 활동을 의미하는 경제학에서의 투자와는 다른 개념이다. 따라서, 부동산투자나 주식투자는 경제학적으로는 투자활동이 아니지만 투자론에서는 투자활동이다. "기업의 투자활동"에서 "투자"는 경제학적인 투자를 뜻하지만, "투자론"에서의 투자는 투자론적인 투자를 뜻하는 것이라 할 수 있다.

1.2 주식회사

기업은 그 *소유구조(ownership structure)*, 책임의 한계 *(limitation of liability)*, 소유권의 공개여부*(ownership openness)*에 따라 여러가지로 분류된다. 여기서 소유구조는 소유

주의 수를 의미하며, 책임의 한계는 소유주가 회사의 채무 (liabilities)에 대해 무한한 책임을 지는 무한책임(*unlimited liability*)인지, 아니면 소유주가 투자한 투자액 내에서만 책임지는 유한책임(*limited liability*)인지를 의미한다. 소유권의 공개 여부는 소유권의 이전 및 거래가 일반대중에 공개되어 있느냐의 여부를 의미한다.

> **정   의 1** (기업의 종류). 기업은 그 **소유구조, 책임의 한계, 소유권의 공개 여부**에 따라 다음과 같이 분류할 수 있다.
>
> (*a*) 개인회사 : 무한책임을 지는 1인의 소유주를 갖는 비공개회사.
>
> (*b*) 합명회사 : 무한책임을 지는 2인 이상의 소유주를 갖는 비공개회사.
>
> (*c*) 합자회사 : 무한책임을 지는 소유주와 유한책임을 지는 소유주를 갖는 비공개회사.
>
> (*d*) 유한회사 : 50인 이하의 유한책임을 지는 비공개회사.
>
> (*e*) 주식회사 : 1인 이상의 유한책임을 지는 소유주로 구성된 공개회사.

일반적으로 기업이라 함은 주식회사를 의미하며, 본서는 주식회사를 상정하고 논의를 진행한다. 주식회사는 그 소유권을 그림 1.1과 같은 **주식(*stock*)**이라는 유가증권으로 분할하여, 그 소유권을 판매하여 자기자본을 조달하고 주식거

그림 1.1: 주식(출처: 증권박물관 www.stockmuseum.co.kr)

래를 통해 소유권을 거래하기 때문에 주식회사라고 부른다. 이때 주식을 소유한 주식회사의 소유주를 **주주**(*shareholder, stockholder*)라 한다.

기업이 부채를 조달하면서 발행한 그림 1.2와 같은 유가증권을 **채권**(*bond*)이라 하며, 채권에는 언제 얼마만큼의 금액을 상환받을 수 있는지 등의 조건이 명시되어 있다. 또한, 이러한 주식과 채권과 같은 금융상품들뿐만 아니라, 석유나 콩과 같은 실물상품 등을 사거나 팔 의무나 권리를 유가증권의 형태로 만든 금융상품을 **파생상품**(*financial derivative*)이라 하는데, 채권에 관해서는 2장의 2.4절에서, 파생상품에 관해서는 6장과 7장에서 자세히 다루기로 한다.

다른 형태의 기업들과 비교해서 주식회사는 다음과 같은 특징이 있다.

그림 1.2: 회사채(출처: 증권박물관 www.stockmuseum.co.kr)

정　　리 1 (주식회사의 특징). 주식회사의 특징은 대체로 다음과 같다.

(a) 법인(**legal person**) : 주식회사는 법적으로 자연인 (**natural person**)과 동일한 독립된 개체로 존재한다. 따라서, 주주의 사망이나 소유권의 변경과 관계 없이 주식회사는 그 계속성이 유지된다.

(b) 이중과세(**double taxation**) : 법인이기 때문에, 영업 활동으로 인한 이익에 대해 *법인세(corporate tax)*가 부과된다. 따라서, 소유주의 입장에서는 보유한 주식에 대해 개인적으로 부담하는 세금 이외에 법인세까지 부담하게 되는 이중과세의 상황에 직면하게 된다.

(c) 유한책임(**limited liability**) : 기업이 차입한 자금에 대해서 어떠한 경우에도 주주는 자신이 투자한 자금 이상의 책임을 지지 않는다. 즉, 주주는 주주의 주식을 다 처분해서 이행할 수 있는 채무금액까지만 채무이행을 하면 된다.

(d) 소유권이전의 용이성(**ease of ownership transfer**) : 주식은 시장에서 자유롭게 거래되기 때문에 소유권의 이전이 용이하다.

(e) 기업공개(**going public**) : 누구나 자유롭게 주식거래에 참여할 수 있다.

(f) 대규모 자본조달(**massive financing**) : 유한책임과 소유권이전의 용이성으로 인해 주식회사는 대규모의

자본조달이 가능하다.

(g) 소유와 경영의 분리(**owner-manager separation**) : 주식회사는 회사의 주인인 주주들이 전문경영인에게 경영을 위탁하는 형태로 운영되므로, 주주는 경영에 신경쓰지 않아도 된다는 장점도 있으나, 규모가 큰 만큼 경영활동이 어렵고, 그러한 경영자의 경영활동을 감시하기가 어려워지는 단점도 동시에 존재한다.

(h) 정부규제(**government regulation**) : 큰 규모와 기업공개의 특성으로 인해 주식회사는 경제적, 사회적으로 큰 영향력을 행사하는 존재이므로, 정부규제도 그에 상응하여 많이 받게 된다.

1.3 자본조달과 금융시장

기업이 자본을 조달하는 방법에는, 주식이나 채권과 같은 유가증권을 발행 · 판매하여 금융시장(*financial market*)으로부터 직접 자본을 조달하는 직접금융(*direct financing*)과 금융기관을 통해 자금을 차입하는 간접금융(*indirect financing*)이 있다. 간접금융에서 금융기관들은 예금자나 보험계약자 등 자금공급자와 개인이나 기업 등 자금수요자 간 자금의 수급을 중계하는 중계기관역할을 한다. 하지만, 직접금융에서는 이러한 중계기관이 없이 자금공급자와 자금수요자가 직접 연결되어 자금의 수급이 이루어진다.

금융시장은 다음과 같이 분류할 수 있다.

정   의 2 (금융시장의 유형). 금융시장은 자금유통방식에 따라 다음과 같이 분류할 수 있다.

(*a*) 직접금융시장(**direct market**) : 자금의 수요자와 공급자 간에 직접적으로 자금유통이 이루어질 때, 이러한 자금유통을 *직접금융(direct finance)*이라 하고, 그러한 시장을 *직접금융시장(direct market)*이라 한다.

(*b*) 간접급융시장(**indirect market**) : 자금의 수요자와 공급자 간의 자금유통이 *금융기관(financial intermediary)*을 통하여 이루어질 때, 이러한 자금유통을 *간접금융(indirect finance)*이라 하고, 그러한 시장을 *간접금융시장(indirect market)*이라 한다.

금융시장은 거래되는 자금의 만기(원금상환만기)에 따라 다음과 같이 분류된다.

(*c*) 화폐시장(**money market**) : 만기 1년 미만의 단기 자금이 거래되는 시장.

(*d*) 자본시장(**capital market**) : 만기 1년 이상의 장기 자금이 거래되는 시장.

또한, 자금의 유통단계에 따라 다음과 같이 분류된다.

(*e*) 발행시장(**primary market**) : 금융상품을 최초 발행하는 시장. 특정 금융상품이 발행될 때만 존재하는 한시적, 추상적 시장.

(*f*) 유통시장(**secondary market**) : 이미 발행된 금융상품이 투자자간에 매매되는 시장. 일반적으로 우리가 접하는 상설 금융시장. 한국거래소(**Korea Exchange,**

> **KRX), New York Stock Exchange(NYSE) 등.**
> *a)* 거래소시장**(on-board market) :** 공식적인 거래소
> 에서 공식적인 규율에 따라 거래가 이루어지는 제
> 도화되어 운영되는 유통시장.
> *b)* 장외시장**(over-the-counter market) :** 거래당사자
> 들 간 개별적으로 거래가 이루어지는 유통시장.

금융시장에서 발행시장은 자본을 산업생산으로 연결해 준다는 측면에서 그 중요성을 쉽게 인정할 수 있으나, 유통시장의 중요성은 널리 알려져 있지 않다. 만약, 유통시장이 존재하지 않는다면, 투자자들이 일단 금융상품에 투자하면 현금화하기 어렵기 때문에, 발행시장 또한 활성화되기 어려울 것이다. 따라서, *유통시장은 발행시장의 존재를 가능하게 하고 발행시장을 활성화해준다*는 데에서 그 의의가 있다. 또한, 기업에 자본을 제공하는 *투자자들에게 유용한 투자수단을 제공한다*는 점에서도 유통시장의 의의를 찾을 수 있다.

대부분의 금융상품은 거래소에서 공식적으로 거래가 이루어지나, 채권과 파생상품은 거래규모가 매우 크거나(채권) 종류가 매우 다양하여(채권 및 파생상품) 표준화하기가 어렵기 때문에 일부를 제외하고는 대부분 장외시장에서 당사자 간 사적으로 거래가 이루어진다. *파생상품*은 그 자체로는 기업의 자본조달을 통한 국민경제발전과 아무런 관련이 없지만, 기업이나 투자자들에게 *위험관리수단과 투자기회를*

제공한다는 데에 의의가 있다.

1.4 효율적 시장 가설과 자본시장의 이상현상

자본시장에 참가하는 사람이라면 누구나 자본시장에 대한 투자를 통해서 수익을 얻고자 하고, 그것이 현대 금융자본주의 발전의 큰 원동력이었음은 누구도 부인할 수 없다. 자본시장에서 수익을 얻기 위해 투자자들은 미래의 주가를 예측하고자 많은 분석기법들을 개발해왔다. 하지만, Samuelson(1965a)과 Fama(1965a,b, 1970)는 다음과 같은 효율적 시장가설(efficient market hypothesis)을 제시함으로써, 미래의 주가를 예측하는 것은 불가능하다고 주장하였다.

정   의 3 (효율적 시장 가설). 효율적 시장 가설(*efficient market hypothesis*)은 정보가 주가에 반영되는 범위와 정도에 따라 다음과 같이 세 가지로 분류된다.

(a) 강형(strong form) : 자본시장의 모든 정보는 주가에 즉각적으로 충분히 반영되므로, 어떠한 정보로도 주식투자로부터 *초과수익(abnormal return)*을 얻을 수 없다.

(b) 준강형(semistrong form) : 자본시장의 모든 공식정보는 주가에 즉각적으로 충분히 반영되므로, 공식정보를 이용해서는 주식투자로부터 초과수익을 얻을

수 없다.

(c) **약형(weak form)** : 자본시장의 모든 과거정보는 주가에 즉각적으로 충분히 반영되므로, 과거정보를 이용해서는 주식투자로부터 초과수익을 얻을 수 없다.

여기서 **초과수익(abnormal return)**이란 일반적으로 해당 주식의 위험을 고려한 적정수준의 수익률을 웃도는 수익률을 보이는 수익을 말한다. 특정 주식의 현재 주가를 P_0, 미래 주가를 P_1이라 할 때, 현재부터 미래까지의 주가 **수익률(rate of return)**은 다음의 식 1.4와 같이 정의되는데, 초과수익은 적정수익률보다 높은 수익률의 수익을 말한다. 일반적으로 적정수익률은 시장(혹은 산업)평균수익률이나 이론적 모형에 의해 산출된 수익률을 말한다.

$$R = \frac{P_1 - P_0}{P_0}. \tag{1.4}$$

효율적 시장가설은 가설일 뿐, 기정사실로 받아들여지고 있지는 않은데, 이는 가설에 위배되는 현상들이 관찰되기 때문이다. 효율적 시장가설에 위배되는 대표적인 현상들을 정리하면 아래와 같다.

정   의 4 (자본시장의 이상현상). 효율적 시장 가설에 위배되는 **자본시장의 이상현상(capital market anomaly)**에는 다음과 같은 것들이 있다.

(*a*) 규모효과(size effect) : 시가총액이 작은 기업의 주식이 적정수준(4장에서 다룰 CAPM에 의한 이론적인 수익률)보다 높은 초과수익률을 보이는 현상으로 Banz(1981)와 Reinganum(1981)이 최초로 보고.

(*b*) 정월효과(**January effect, turn-of-the-year effect**) : 규모효과가 1월 첫 2주 동안 더욱 두드러지게 나타나는 현상으로 Keim(1983)과 Reinganum(1983)에 의해 최초로 보고.

(*c*) 주말효과(**weekend effect**) : 주말에 시장평균주가수익률이 음(–)의 값을 보이는 현상으로 French(1980)가 처음으로 보고.

(*d*) 가치효과(**value effect**) : 주가/이익 비율이 낮은 기업의 주식이 적정수준(4장에서 다룰 CAPM에 의한 이론적인 수익률)보다 높은 초과수익률을 보이는 현상으로 Basu(1977)에 의해 최초보고.

(*e*) 모멘텀효과(**momentum effect**) : 최근에 주식시장에서 수익을 낸 주식을 매수하고 최근에 손실을 낸 주식을 매도함으로써 초과수익률을 실현할 수 있는 현상으로 Jegadeesh and Titman(1993)이 최초로 보고.

위와 같은 이상현상을 이용하면 초과수익을 얻을 수 있기 때문에, 정도의 차이는 있으나 이용 가능한 정보를 이용해서는 주식투자로 초과수익을 얻을 수 없다는 가설은 실제로는 맞지 않다고 볼 수 있다.

제 2 장

화폐의 시간가치

이 장에서는 화폐의 시간가치를 중심으로, 투자론의 가장 기본이 되는 개념들인 자본비용, 투자안의 평가, 채권의 평가, 위험과 수익률 등에 대해 살펴본다.

2.1 화폐의 시간가치

1년간 물가변동이 없다고 할 때, 현재의 ₩100,000과 1년 후의 ₩100,000이 같은 가치를 가지고 있을까? 물론 다른 가치를 가지고 있다. 현재의 ₩100,000을 연이율 5%로 은행에 예금해두면 1년 후에는 다음과 같이 ₩105,000을 찾을 수 있기 때문이다.

$$\text{₩}100,000 \times (1 + 0.05) = \text{₩}105,000. \qquad (2.1)$$

이와 같이 화폐는 시간에 따라 다른 가치를 가지는데, 이를 *화폐의 시간가치(time value of money)*라 한다. 식 2.1을 보다 일반화해보자. 현재 시점을 t라 하고, 1년 후의 시점을

$t+1$이라 하며, 현재의 금액을 M_t, 1년 후의 금액을 M_{t+1}
이라 하자. 연간 이자율을 r이라 하면, 식 2.1은 다음과 같이
쓸 수 있다.

$$M_{t+1} = M_t(1 + r). \tag{2.2}$$

이 금액을 2년간 예금해둔다면, 식 2.2가 두 번 적용되어
다음과 같이 된다.

$$M_{t+2} = M_{t+1}(1 + r) = M_t(1 + r)^2. \tag{2.3}$$

따라서, n년간 예금해둘 경우, 다음과 같은 식이 성립한
다.

$$M_{t+n} = M_t(1 + r)^n. \tag{2.4}$$

이 식은 다음과 같이 쓸 수도 있다.

$$M_t = \frac{M_{t+n}}{(1 + r)^n}. \tag{2.5}$$

이때 M_t를 t시점에서 **화폐의 현재가치**(*present value of money*)라 하고, M_{t+n}을 n년 후 **화폐의 미래가치**(*future value of money*)라 하는데, 연간 이자율을 알고 있을 경우, 화폐의 현재가치와 미래가치 중 어느 하나만 알고 있어도 다른 하나를 식 2.4와 식 2.5에 의해 구할 수 있다. 특히 미래가치로부터 현재가치를 구하는 것을 **할인**(*discount*)이라 한다.

지금까지의 논의에서는 이자가 1년에 한 번 연말에 지급되는 것으로 가정하였다. 만약, 1년에 m번 이자가 지급된다면, 연간 이자율이 r일 때, 이자지급주기당 적용될 이자율은 r/m이 될것이고, n년간 $n \times m$번 이자가 적립될 것이다. 따라서, 이러한 경우 식 2.4와 식 2.5는 다음과 같이 나타낼 수 있다.

$$M_{t+n} = M_t \left(1 + \frac{r}{m}\right)^{n \cdot m}. \tag{2.6}$$

$$M_t = \frac{M_{t+n}}{\left(1 + \dfrac{r}{m}\right)^{n \cdot m}}. \tag{2.7}$$

일정기간 동안 매년 일정금액을 지급하는 급여를 **연금 (annuity)**이라 한다. 기본적으로, 연금은 여러 개별 현금흐름 (cash flow), 즉 연금의 일정금액들의 집합체이므로, 동일시점에서의 개별 현금흐름들의 시간가치를 구한 후 그 값을 모두 더한 것이 해당 시점에서 **연금의 시간가치(time value of annuity)**가 된다.

연금은 일반적으로 일정금액을 기초, 즉 해당연도의 연초에 지급하는 경우와, 기말, 즉 해당연도의 연말에 지급하는 경우가 있는데, 이에 따라 연금의 시간가치가 조금씩 달라진다. 결론부터 말하자면, 기말불연금의 시간가치를 $(1+r)$로 나누어 할인한 값이 기초불연금의 시간가치이고, 기초불연금의 시간가치에 $(1+r)$를 곱한 값이 기말불연금의 시간가치이다. 이는 두 연금의 시간가치가 정확히 1기간, 즉 연초와

연말이라는 1년의 차이가 있기 때문이다. 이제 구체적으로
이들이 어떻게 계산되는지 알아보기로 하자.

정   리 2 (연금의 시간가치). n년동안 일정한 금액 CF
를 지급하는 연금 A의 t시점에서의 시간가치를 A_t라 하
자. 현재시점은 특정연도의 1월 1일이고 $t = 0$이라 한다.
이때, 연간 이자율은 r이다.

(a) 기초불연금의 현재가치 : CF의 지급이 매년 초일 경
우, 연금 A의 현재가치는 다음과 같다.

$$A_0 = CF(1 + r)\left[\frac{(1 + r)^n - 1}{r(1 + r)^n}\right].$$

(b) 기초불연금의 미래가치 : CF의 지급이 매년 초일 경
우, 연금 A의 n년 후 연말의 미래가치는 다음과 같다.

$$A_{n+1} = CF(1 + r)\left[\frac{(1 + r)^n - 1}{r}\right].$$

(c) 기말불연금의 현재가치 : CF의 지급이 매년 말일 경
우, 연금 A의 현재가치는 다음과 같다.

$$A_0 = CF\left[\frac{(1 + r)^n - 1}{r(1 + r)^n}\right].$$

(d) 기말불연금의 미래가치 : CF의 지급이 매년 말일 경
우, 연금 A의 n년 후 연말의 미래가치는 다음과 같다.

$$A_{n+1} = CF\left[\frac{(1 + r)^n - 1}{r}\right].$$

증　　명.　 (a) 다음과 같이 증명된다.

$$A_0 = CF + \frac{CF}{1+r} + \frac{CF}{(1+r)^2} + \cdots + \frac{CF}{(1+r)^{n-1}}$$

$$= \frac{CF\left[\left(\dfrac{1}{1+r}\right)^n - 1\right]}{\dfrac{1}{1+r} - 1} = \frac{CF\left[\dfrac{1}{(1+r)^n} - 1\right]}{-\dfrac{r}{1+r}}$$

$$= \frac{CF(1+r)\left[1 - (1+r)^n\right]}{-r(1+r)^n} = CF(1+r)\left[\frac{(1+r)^n - 1}{r(1+r)^n}\right].$$

(b) 다음과 같이 증명된다.

$$A_{n+1} = CF(1+r)^n + CF(1+r)^{n-1} + \cdots + CF(1+r)^2 + CF(1+r)$$

$$= \frac{CF(1+r)^n\left[\left(\dfrac{1}{1+r}\right)^n - 1\right]}{\dfrac{1}{1+r} - 1} = \frac{CF\left[1 - (1+r)^n\right]}{-\dfrac{r}{1+r}}$$

$$= CF(1+r)\left[\frac{(1+r)^n - 1}{r}\right].$$

(c) 다음과 같이 증명된다.

$$A_0 = \frac{CF}{1+r} + \frac{CF}{(1+r)^2} + \cdots + \frac{CF}{(1+r)^{n-1}} + \frac{CF}{(1+r)^n}$$

$$= \frac{\dfrac{CF}{1+r}\left[\left(\dfrac{1}{1+r}\right)^n - 1\right]}{\dfrac{1}{1+r} - 1} = \frac{\dfrac{CF}{1+r}\left[\dfrac{1}{(1+r)^n} - 1\right]}{-\dfrac{r}{1+r}}$$

$$= \frac{CF\left[1 - (1+r)^n\right]}{-r(1+r)^n} = CF\left[\frac{(1+r)^n - 1}{r(1+r)^n}\right].$$

(d) 다음과 같이 증명된다.

$$A_{n+1} = CF(1+r)^{n-1} + CF(1+r)^{n-2} + \cdots + CF(1+r) + CF$$

$$= \frac{CF(1+r)^{n-1}\left[\left(\dfrac{1}{1+r}\right)^n - 1\right]}{\dfrac{1}{1+r} - 1} = \frac{\dfrac{CF}{1+r}[1-(1+r)^n]}{-\dfrac{r}{1+r}}$$

$$= CF\left[\frac{(1+r)^n - 1}{r}\right].$$

$\square$

연금 중에 무기한으로 매년 일정금액을 지급하는 연금을 **영구연금(*perpetuity*)**이라 한다. 영구연금 또한 기초불과 기말불의 두 종류가 있으며, 이들의 지급기간이 정확히 1년 차이가 나기 때문에, 서로 $(1+r)$을 곱하거나 나누어서 어느 하나로부터 다른 하나를 구할 수 있다. 구체적으로는 다음과 같다.

정   리 3 (영구연금의 시간가치). 일정한 금액 CF를 무기한 지급하는 영구연금 P의 t시점에서의 시간가치를 A_t라 하자. 현재시점은 특정연도의 1월 1일이고 $t = 0$이라 한다. 이때, 연간 이자율은 r이다.

(a) **기초불영구연금의 현재가치** : CF의 지급이 매년 초일 경우, 연금 A의 현재가치는 다음과 같다.

$$P_0 = \frac{CF(1+r)}{r}.$$

(b) **기말불영구연금의 현재가치** : CF의 지급이 매년 말일 경우, 연금 A의 현재가치는 다음과 같다.

$$P_0 = \frac{CF}{r}.$$

증   명. (a) 다음과 같이 증명된다.

$$P_0 = CF + \frac{CF}{1+r} + \frac{CF}{(1+r)^2} + \cdots$$

$$= \frac{CF}{1 - \dfrac{1}{1+r}} = \frac{CF}{\dfrac{r}{1+r}}$$

$$= \frac{CF(1+r)}{r}.$$

(b) 다음과 같이 증명된다.

$$P_0 = \frac{CF}{1+r} + \frac{CF}{(1+r)^2} + \frac{CF}{(1+r)^3} + \cdots$$

$$= \frac{\dfrac{CF}{1+r}}{1 - \dfrac{1}{1+r}} = \frac{\dfrac{CF}{1+r}}{\dfrac{r}{1+r}}$$

$$= \frac{CF}{r}.$$

$\square$

2.2   자본비용과 유가증권의 평가

앞 절에서 화폐의 시간가치에 대해 알아보았다. 이는 주로 시장이자율과 어느 한 시점의 화폐가치를 알고 있을 때, 다른 시점에서 화폐의 시간가치를 구해내는 이야기였다. 이제, 두 시점에서 화폐의 시간가치를 알고 있을 때, 이를 이용해서 시장이자율을 구해내는 방법에 대해 알아보자.

투자안 M에 대해, t시점에서의 투자안의 가치를 M_t라 하면, t시점부터 T시점까지의 투자안 M의 *수익률(rate of return)*은 다음과 같이 정의된다.

> **정   의 5** (수익률). 투자안 M에 대해, t시점에서의 투자안의 가치를 M_t라 하면,
>
> $$R_{t,T} = \frac{M_T - M_t}{M_t} = \frac{M_T}{M_t} - 1 \tag{2.8}$$
>
> 을 t시점부터 T시점까지의 투자안 M의 *수익률(rate of return)*이라 한다.

식 2.8은 다음과 같이 쓸 수도 있다.

> $$M_T = M_t\left(1 + R_{t,T}\right). \tag{2.9}$$
>
> $$M_t = \frac{M_T}{1 + R_{t,T}}. \tag{2.10}$$

식 2.9와 식 2.10에서 알 수 있듯이, 수익률은 M_t가 M_T의 현재가치이고 M_T가 M_t의 미래가치이도록 만들어주는 시장이자율이라 할 수 있다.

기업이 자본을 조달하여 투자활동을 할 때, 자본의 공급자들은 그에 대한 대가를 요구하게 된다. 주주들의 경우에는 기업 경영활동의 결과 발생한 이익의 일부를 배당(dividend)이라는 형태로 정기적 · 비정기적으로 지급받게 되며, 채권자들의 경우에는 정기적으로 이자(interest)를 지급받는다. 이때, **자본비용(*cost of capital*)**은 다음과 같이 정의된다.

정   의 6 (자본비용). 매년 말 t시점에서 지급하는 배당이나 이자를 현금흐름 CF_t라 하고 현재시점을 연초 $t = 0$이라 할 때, 자본 K를 n년간 사용할 수 있도록 조달한 기업이 부담하는, 다음 식을 만족하는 k_k를 자본 K에 대한 **자본비용(*cost of capital*)**이라 한다.

$$K = \sum_{t=1}^{n} \frac{CF_t}{(1 + k_k)^t}.$$

마찬가지로, **자기자본의 자본비용(*cost of equity*)**과 **부채의 자본비용(*cost of liabilities*)** 또한 다음과 같이 정의된다.

정   의 7 (자기자본의 자본비용). 매년 말 t시점에서 지급하는 배당을 d_t라 하고 현재시점을 연초 $t = 0$이라 할 때, 자기자본 S를 조달한 기업이 부담하는, 다음 식을 만족하는 k_e를 자기자본 S에 대한 *자기자본의 자본비용 (cost of equity)*이라 한다.

$$S = \sum_{t=1}^{\infty} \frac{d_t}{(1 + k_e)^t}.$$

정　　의 8 (부채의 자본비용). 매년 말 t시점에서 지급하는 이자를 C, 만기 시 원금을 F, 현재시점을 연초 $t = 0$이라 할 때, 부채 B를 n년간 사용할 수 있도록 조달한 기업이 부담하는, 다음 식을 만족하는 k_d를 부채 B에 대한 *부채의 자본비용(cost of liabilities)*이라 한다.

$$B = \frac{F}{(1 + k_d)^n} + \sum_{t=1}^{n} \frac{C}{(1 + k_d)^t}.$$

이때, 자기자본의 자본비용과 부채의 자본비용을 조달한 자본의 비중에 따라 가중평균한 값을 *가중평균자본비용 (weighted average cost of capital)*이라 하는데, 구체적으로 다음과 같이 정의된다.

정　　의 9 (가중평균자본비용). 자기자본 S의 자본비용이 k_e이고 부채 B의 자본비용이 k_d인 기업의 *가중평균자본비용(weighted average cost of capital)*은 다음과 같이 정의된다.

$$WACC = \frac{S}{S+B} \cdot k_e + \frac{B}{S+B} \cdot k_d.$$

법인세율 t_C가 있을 경우에는 다음과 같이 정의된다.

$$WACC = \frac{S}{S+B} \cdot k_e + \frac{B}{S+B} \cdot (1-t_C) \cdot k_d.$$

2.3 투자안의 평가

앞 절에서 살펴본 바와 같은 자본비용을 치르고 조달한 자본으로 기업이 어떤 사업에 투자를 하고자 할 때, 그 투자안에 투자를 할 것인가 말 것인가에 대한 의사결정(decision making)을 하여야 한다. 그러기 위해서는 투자안의 투자할만한 가치가 있는 것인지를 평가할 필요가 있는데, 대표적인 투자안 평가방법으로 **순현재가치법**(*net present value method*)과 **내부수익률법**(*internal rate of return method*)이 있다. 먼저 순현재가치법에 대해 살펴보기로 하자.

정   의 10 (순현재가치). 어떤 투자안의 초기시점인 특정연도 초 $t=0$에서의 투자액을 I_0라 하고, 투자결과 창출되는 n년 동안 연말 t 시점에서의 현금흐름을 CF_t라 할 때, 이 투자안의 **순현재가치**(*net present value*)는 다음과 같이 정의된다.

$$NPV = \sum_{t=1}^{n} \frac{CF_t}{(1 + r_k)^t} - I_0.$$

단, 투자안의 **요구수익률**(*required rate of return*)은 r_k 이다.

여기서, 요구수익률은 기업내부적으로 정한 기준으로, 일반적으로 해당 투자안에 투자할 목적으로 조달한 자본비용인 경우가 많다. 순현재가치는 해당 투자안으로 인해 발생하는 모든 현금흐름의 현재가치를 합한 값이다. 따라서, 다음과 같은 **가치가법성**(*value additivity*)이라는 특성을 갖는데, 이는 투자안평가를 용이하게 하는 순현재가치법의 장점이 된다.

정   리 4 (가치가법성). 두 투자안 A와 B의 초기시점인 특정연도 초 $t = 0$에서의 투자액을 각각 I_0^A, I_0^B라 하고, 순현재가치를 각각 $NPV(A)$, $NPV(B)$라 할 때, 두 투자안에 동시에 투자하는 투자안을 $A + B$, 그 순현재가치를 $NPV(A + B)$라 하자. 이때, 다음의 등식이 성립하는데, 이를 순현재가치의 **가치가법성**(*value additivity*)이라 한다.

$$NPV(A + B) = NPV(A) + NPV(B).$$

증   명. 두 투자안 A와 B의 초기시점인 특정연도 초 $t = 0$에서의 투자액을 각각 I_0^A, I_0^B라 하고, 순현재가치를 각각 $NPV(A)$, $NPV(B)$라 할 때, 두 투자안에 동시에 투자하는 투자안을 $A + B$, 그 순현재가치를 $NPV(A + B)$라 하자. 이에 추가하여, 투자안 A는 n년 동안 매년 말 CF_t^A의 현금흐름을, 투자안 B는 m년 동안 매년 말 CF_t^B의 현금흐름을 창출하며, 요구수익률이 r_k라 하면, 다음과 같이 가치가법성이 성립함을 볼 수 있다.

$$NPV(A + B) = \left[\sum_{t=1}^{n} \frac{CF_t^A}{(1 + r_k)^t} + \sum_{t=1}^{m} \frac{CF_t^B}{(1 + r_k)^t}\right] - \left(I_0^A + I_0^B\right)$$
$$= \left[\sum_{t=1}^{n} \frac{CF_t^A}{(1 + r_k)^t} - I_0^A\right] + \left[\sum_{t=1}^{m} \frac{CF_t^B}{(1 + r_k)^t} - I_0^B\right]$$
$$= NPV(A) + NPV(B).$$

□

정   리 5 (순현재가치법). 투자안의 순현재가치가 0 이상이면 투자할 가치가 있다.

순현재가치법의 논리는 단순하다. 투자안으로 인해 발생하는 모든 현금흐름의 현재가치의 합, 즉 투자안의 순현재가치가 0 이상이라면, 이는 기업가치의 증대로 연결될 수 있기 때문에 투자하는 것이 바람직하다는 것이다. 이제, 이와 유사하지만 또 다른 방법인 내부수익률법에 대해 알아보기로 하자.

정　　의 11 (내부수익률). 어떤 투자안의 초기시점인 특정연도 초 $t = 0$에서의 투자액을 I_0라 하고, 투자결과 창출되는 n년 동안 연말 t 시점에서의 현금흐름을 CF_t라 할 때, 이 투자안의 **내부수익률**(*internal rate of return*)은 다음 식을 만족하는 *IRR*로 정의된다.

$$I_0 = \sum_{t=1}^{n} \frac{CF_t}{(1 + IRR)^t}.$$

결국, 내부수익률은 투자안의 순현재가치를 0으로 만드는 요구수익률이라 할 수 있다. 이는 순현재가치의 정의와 내부수익률의 정의를 비교해보면 자명하다.

정　　리 6 (내부수익률법). 투자안의 내부수익률이 투자자본의 **요구수익률**(*required rate of return*) 이상이면 투자할 가치가 있다.

내부수익률법은 투자안의 내부수익률이 요구수익률 이상이어야 수익성이 있다고 판단하겠다는 논리이다.

2.4   채권의 가치평가

앞서 부채를 조달하는 과정에서 발행한 유가증권이 채권이라고 하였다. 이 절에서는 이 채권에 대해 알아보기로 한다.

특정조건으로 특정시점에 원금을 상환하기로 하고 자금을 차입하면서 발행한 유가증권을 *채권(bond)*이라 하는데, 채권에는 다음과 같은 조건들이 명시되어 있다.

(1) 액면가(face value, par value) : 상환해야 될 원금.
(2) 만기(maturity) : 원금을 상환하기로 한 날짜.
(3) 액면이자율(coupon rate) : 원금에 대한 연간고정이자의 비율.

시장에서 채권의 수요와 공급에 따라 채권의 시장가격과 시장만기수익률이 형성되는데, 시장만기수익률을 *시장이자율(market interest rate)*이라 한다.

정   의 12 (만기수익률). t년 말에 가격이 B_t, 만기(maturity)가 T년 말, 액면가(face value, par value)가 F, 액면이자율(coupon rate)이 r_c인 채권(bond) B에 대해, 다음을 만족하는 r을 이 채권의 *만기수익률(yield to maturity)*이라 한다.

$$B_t = \frac{F}{(1+r)^{T-t}} + \sum_{n=1}^{T-t} \frac{F \cdot r_c}{(1+r)^n}.$$

채권의 시장이자율을 알고 있을 때, 채권의 가치는 다음과 같이 평가할 수 있다.

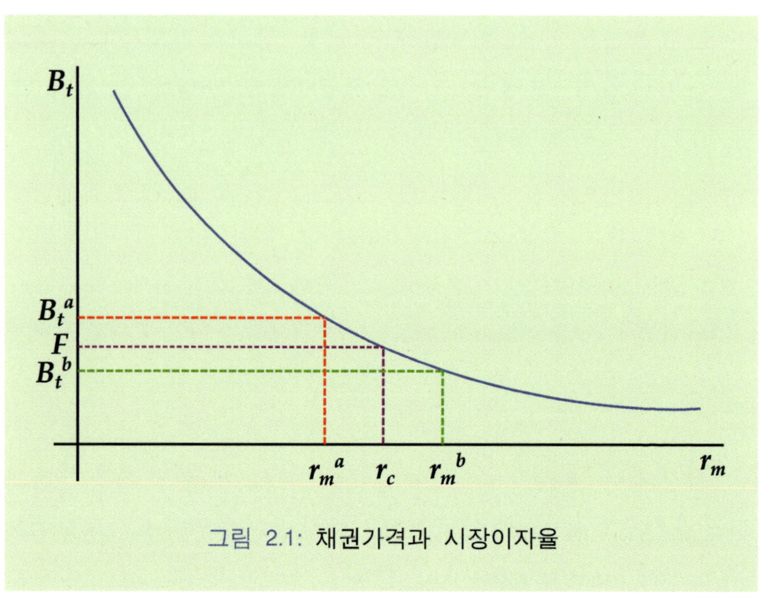

그림 2.1: 채권가격과 시장이자율

정   의 13 (채권의 가치평가). t년 말에 가격이 B_t, 만기(maturity)가 T년 말, 액면가(face value, par value)가 F, 액면이자율(coupon rate)이 r_c인 채권(bond) B에 대해, 시장이자율(market interest rate)이 연간 r_m일 때, 채권의 가격은 다음과 같다.

$$B_t = \frac{F}{(1 + r_m)^{T-t}} + \sum_{n=1}^{T-t} \frac{F \cdot r_c}{(1 + r_m)^n}.$$

이렇게 구한 채권가격은 새로운 채권을 발행하거나 기존의 채권을 거래할 때, 매매를 위한 시장가격으로 이용된다.

여기서, r_m이 증가하면 B_t는 감소하므로 r_m과 B_t는 역의 관계이고(즉, B_t는 r_m에 대한 단조감소함수이고), 또한 아래 식에서 볼 수 있듯이

$$
\begin{aligned}
B_t|_{r_m=r_c} &= \frac{F}{(1+r_c)^{T-t}} + \sum_{n=1}^{T-t} \frac{F \cdot r_c}{(1+r_c)^n} \\
&= \frac{F}{(1+r_c)^{T-t}} + \frac{F \cdot r_c}{1+r_c} \left[\frac{\dfrac{1}{(1+r_c)^{T-t}} - 1}{\dfrac{1}{1+r_c} - 1} \right] \\
&= \frac{F}{(1+r_c)^{T-t}} + \frac{F \cdot r_c}{1+r_c} \left[\frac{\dfrac{1}{(1+r_c)^{T-t}} - 1}{\dfrac{-r_c}{1+r_c}} \right] \\
&= \frac{F}{(1+r_c)^{T-t}} + F \left[1 - \frac{1}{(1+r_c)^{T-t}} \right] \\
&= F
\end{aligned}
$$

이므로, 그림 2.1에서 볼 수 있듯이 다음과 같은 관계가 성립한다.

(1) $r_m = r_c \Leftrightarrow B_t = F$: 시장이자율이 액면이자율과 같으면, 시장가격은 액면가격과 동일하며, 그 역도 성립한다.

(2) $r_m > r_c \Leftrightarrow B_t < F$: 시장이자율이 액면이자율보다 크면, 시장가격은 액면가격보다 작으며, 그 역도 성립

한다.

(3) $r_m < r_c \Leftrightarrow B_t > F$ **:** 시장이자율이 액면이자율보다 작
으면, 시장가격은 액면가격보다 크며, 그 역도 성립
한다.

2.5 위험과 수익률

투자활동에 있어서 투자자들의 가장 큰 고민은 미래가
불확실해서 정확한 예측이 힘들다는 점일 것이다. 일반적
으로 어떤 투자대상의 미래가 불확실할수록 위험하다고 하
는데, 투자론에서 위험이라는 것은 불확실성을 전제로 한
확률적인 개념이므로, 본 절에서는 이와 관련된 기초적인
확률개념을 먼저 살펴보고, 이를 토대로 위험을 정의하고자
한다.

어떤 실험에서, 특정 사건이 발생할 가능성을 0과 1사이
의 수로 표시한 것을 **확률(probability)**이라 하는데, 여기서 0
은 해당사건이 확실히 발생하지 않음을, 1은 확실히 발생함
을 뜻한다. 이때, 그 실험에서 발생할 수 있는 모든 사건의
확률을 더하면 1이 된다. 왜냐하면 실험결과, 어떤 사건이든
확실히 발생할 것이기 때문이다.

어떤 변수 X에 대해 X의 정의역 $\Omega_X \subset \mathbb{R}$의 각 값 x에
대해, $X = x$일 확률값이 부여되어 있을 때, X를 **확률변수
(random variable)**라 한다. 예를 들어, 10명의 학생 중 눈을
가리고 한 사람을 선택하는 실험에서 선택된 사람의 키를

변수 X라 하면, X가 특정값을 가질 확률이 존재한다. 즉, $X = 170$cm일 확률, $X = 175$cm일 확률 등 X가 취할 수 있는 각 값에 대해 확률이 존재하게 되는 것이다. 따라서, 변수 X는 확률을 동반하므로 확률변수라 할 수 있다.

확률변수에는 확률변수의 특성을 설명해주는 각종 특성치가 있는데, 대표적인 것이 평균, 분산, 표준편차, 공분산, 상관계수 등이다. 이제, 이들 특성치에 대해 살펴보기로 하자.

정   의 14 (평균과 분산). $\Omega_X, \Omega_Y \subseteq \mathbb{R}$에서 정의된 확률변수 X 및 Y에 대해, $X = x$일 확률을 $f_X(x)$, $Y = y$일 확률을 $f_Y(y)$, 그리고 $X = x$이고 $Y = y$일 확률을 $f_{XY}(x, y)$이라 하자.

(a) *평균*(**mean**) : X의 *평균*은 다음과 같이 정의되며 $E(X)$ 또는 μ_X로 나타낸다.

$$E(X) = \mu_X = \sum_{x \in \Omega_X} x f_X(x).$$

(b) *분산*(**variance**) : X의 *분산*은 다음과 같이 정의되며 $Var(X)$ 또는 σ_X^2로 나타낸다.

$$Var(X) = \sigma_X^2 = E\left[[X - E(X)]^2\right] = \sum_{x \in \Omega_X} (x - \mu_X)^2 f_X(x).$$

(c) *표준편차*(**standard deviation**) : X의 *표준편차*는 다음

과 같이 정의되며 σ_X 로 나타낸다.

$$\sigma_X = \sqrt{\sigma_X^2}.$$

(d) 공분산(**covariance**) : X 와 Y 의 공분산은 다음과 같이 정의되며 $Cov(X, Y)$ 또는 σ_{XY} 로 나타낸다.

$$Cov(X, Y) = \sigma_{XY} = E\left[[X - E(X)][Y - E(Y)]\right]$$
$$= \sum_{x \in \Omega_X} \sum_{y \in \Omega_Y} (x - \mu_X)(y - \mu_Y) f_{XY}(x, y).$$

(e) 상관계수(**correlation coefficient**) : X 와 Y 의 상관계수는 다음과 같이 정의되며 ρ_{XY} 로 나타낸다.

$$\rho_{XY} = \frac{\sigma_{XY}}{\sigma_X \sigma_Y}.$$

(f) 독립(**independence**) : 다음의 등식이 성립할 때, X 와 Y 는 독립이라 한다.

$$f_{XY}(x, y) = f_X(x) f_Y(y).$$

상수는 확률 1 로서 상수값을 갖는 확률변수이며, 확률변수의 함수 또한 확률을 동반하는 변수이므로 확률변수이다. 따라서, 확률변수의 함수 또한 원래의 확률변수가 갖는 확률값들을 이용하여 평균, 분산, 공분산 등을 구하게 된다.

평균은 확률변수의 *중심경향(central tendency)*을 측정하는 측정치로서, 확률변수의 변수값들이 대체로 어떤 값 주변에 집중되어 있느냐를 나타낸다. 분산과 표준편차는 확률변수의 *산포도(dispersion)*를 측정하는 측정치로서, 확률변수의 변수값들이 평균을 중심으로 얼마나 흩어져 있느냐를 나타낸다. 따라서, 분산과 표준편차가 작을수록 변수값들이 평균주변에 집중분포함을 나타낸다. 공분산과 상관계수는 두 확률변수 간의 *선형성(linearity)*[1]을 나타내는 측정치로, 이 값들이 클수록 두 변수 간의 관계가 선형적이라는 것을 알 수 있다. 이들 값이 0이면 두 변수는 선형관계를 갖지 않는다.[2] 특히 상관계수는 -1과 1사이의 값을 갖는데, 상관계수가 1인 경우 두 변수는 완전한 양의 선형관계, 즉 $y = ax + b$ $(a > 0)$와 같은 양의 일차함수관계를 갖고, 상관계수가 -1인 경우 두 변수는 완전한 음의 선형관계, 즉 $y = ax + b$ $(a < 0)$와 같은 음의 일차함수관계를 갖는다. 상관계수가 0과 1사이에서 클수록 두 변수는 양의 선형관계 정도가 커지고, -1과 0사이에서 작을수록 음의 선형관계 정도가 커진다. 이제 이들의 유용한 성질들을 살펴보기로 하자.

> **보조정리 1.** $\Omega_X, \Omega_Y \subseteq \mathbb{R}$에서 정의된 확률변수 X 및 Y에 대해, $X = x$일 확률을 $f_X(x)$, $Y = y$일 확률을 $f_Y(y)$, 그리고 $X = x$이고 $Y = y$일 확률을 $f_{XY}(x, y)$이라 할 때,

---

1) $y = ax + b$의 일차함수관계가 완전한 선형관계이다.
2) 선형관계를 갖지 않는다고 하더라도, 이차함수나 삼차함수 관계 등 다른 형태의 관계를 가질 수는 있다.

다음이 성립한다.

(a) $\displaystyle\sum_{x\in\Omega_X} f_X(x) = 1,$

(b) $\displaystyle\sum_{x\in\Omega_X} f_{XY}(x,y) = f_Y(y).$

정   리 7. 확률변수 X, Y 및 Z에 대하여, 다음이 성립한다.

(a) 상수 a에 대하여,

$$E(a) = a, \ E(aX) = aE(X), \ E(X+Y) = E(X) + E(Y).$$

(b) 다음이 성립한다.

$$Var(X) = E\left(X^2\right) - [E(X)]^2,$$

$$Cov(X,Y) = E(XY) - E(X)E(Y).$$

(c) 상수 a에 대하여,

$$Cov(X,Y) = Cov(Y,X), \ Cov(a,X) = 0, \ Cov(X,X) = Var(X),$$

$$Cov(aX,Y) = Cov(X,aY) = aCov(X,Y),$$

$$Cov(X+Y,Z) = Cov(X,Z) + Cov(Y,Z).$$

(d) 상수 a와 b에 대하여,

$$Var(a) = 0, \ Var(aX) = a^2 Var(X), \ Var(X + b) = Var(X),$$

$$Var(X + Y) = Var(X) + Var(Y) + 2Cov(X, Y).$$

(e) X와 Y가 독립이면, $E(XY) = E(X)E(Y)$ 및 $Cov(X, Y) = 0$ 이다.

증   명. (a) 상수 a에 대하여,

$$E(a) = \sum_{x \in \Omega_X} a f_X(x) = a \sum_{x \in \Omega_X} f_X(x) = a \cdot 1 = a,$$

$$E(aX) = \sum_{x \in \Omega_X} a x f_X(x) = a \sum_{x \in \Omega_X} x f_X(x) = aE(X),$$

그리고,

$$
\begin{aligned}
E(X + Y) &= \sum_{x \in \Omega_X} \sum_{y \in \Omega_Y} (x + y) f_{XY}(x, y) \\
&= \sum_{x \in \Omega_X} x \sum_{y \in \Omega_Y} f_{XY}(x, y) + \sum_{y \in \Omega_Y} y \sum_{x \in \Omega_X} f_{XY}(x, y) \\
&= \sum_{x \in \Omega_X} x f_X(x) + \sum_{y \in \Omega_Y} y f_Y(y) \\
&= E(X) + E(Y).
\end{aligned}
$$

(b) 다음과 같이 증명된다.

$$Var(X) = E\left[[X - E(X)]^2\right] = E\left[X^2 - 2E(X)X - [E(X)]^2\right]$$
$$= E\left(X^2\right) - 2\,[E(X)]^2 - [E(X)]^2$$
$$= E\left(X^2\right) - [E(X)]^2$$

이고

$$Cov(X, Y) = E\left[[X - E(X)]\,[Y - E(Y)]\right]$$
$$= E\left[XY - E(Y)X - E(X)Y + E(X)E(Y)\right]$$
$$= E(XY) - 2E(X)(Y) + E(X)E(Y)$$
$$= E(XY) - E(X)E(Y).$$

(c) 상수 a에 대하여,

$$Cov(X, Y) = E(XY) - E(X)E(Y) = E(YX) - E(Y)E(X) = Cov(Y, X),$$
$$Cov(a, X) = E(aX) - E(a)E(X) = aE(X) - aE(X) = 0,$$
$$Cov(X, X) = E(XX) - E(X)E(X) = E\left(X^2\right) - [E(X)]^2 = Var(X),$$
$$Cov(aX, Y) = E(aXY) - E(aX)E(Y) = E(XaY) - E(X)E(aY)$$
$$= aE(XY) - aE(X)E(Y) = Cov(X, aY) = aCov(X, Y),$$

그리고,

$$Cov(X + Y, Z) = E\left[(X + Y)Z\right] - E(X + Y)E(Z)$$
$$= E(XZ + YZ) - \left[E(X) + E(Y)\right]E(Z)$$
$$= E(XZ) + E(YZ) - E(X)E(Z) - E(Y)E(Z)$$
$$= E(XZ) - E(X)E(Z) + E(YZ) - E(Y)E(Z)$$
$$= Cov(X, Z) + Cov(Y, Z).$$

(d) 상수 a와 b에 대하여,

$$Var(a) = E\left(a^2\right) - [E(a)]^2 = a^2 - a^2 = 0,$$
$$Var(aX) = E\left(a^2 X^2\right) - [E(aX)]^2 = a^2\left[E\left(X^2\right) - [E(X)]^2\right]$$
$$= a^2 Var(X),$$
$$Var(X + b) = E\left[(X + b)^2\right] - [E(X + b)]^2$$
$$= E\left(X^2 + 2bX + b^2\right) - [E(X) + b]^2$$
$$= E\left(X^2\right) + 2bE(X) + b^2 - [E(X)]^2 - 2bE(X) - b^2$$
$$= E\left(X^2\right) - [E(X)]^2$$
$$= Var(X),$$

그리고,

$$Var(X + Y) = Cov(X + Y, X + Y)$$
$$= Cov(X, X) + Cov(X, Y) + Cov(Y, X) + Cov(Y, Y)$$
$$= Var(X) + Var(Y) + 2Cov(X, Y).$$

(e) X와 Y가 독립이면,

$$E(XY) = \sum_{x\in\Omega_X} \sum_{y\in\Omega_Y} xy f_{XY}(x, y) = \sum_{x\in\Omega_X} \sum_{y\in\Omega_Y} xy f_X(x) f_Y(y)$$

$$= \sum_{x\in\Omega_X} x f_X(x) \sum_{y\in\Omega_Y} y f_Y(y)$$

$$= E(X)E(Y)$$

이고, 따라서,

$$Cov(X, Y) = E(XY) - E(X)E(Y) = 0.$$

$\square$

이제, 여기까지의 논의를 바탕으로 투자론에서 말하는 위험에 대해 살펴보도록 하자.

현재시점을 0, 미래시점을 1이라 하고, 어떤 증권의 현재 가격을 P_0, 미래 가격을 P_1이라 하자. 어떤 투자자가 이 증권에 투자할 때, 현재시점과 미래시점 간의 수익률은 다음과 같다.

$$R = \frac{P_1 - P_0}{P_0}. \tag{2.11}$$

여기서, 현재시점에서 P_0는 시장에서 관찰할 수 있는 확실한 값이지만, P_1은 현재시점에서 알 수 없는 불확실한 값이다. 다만, 그 값이 얼마가 될지 구체적인 값에 대해 확률적으로만 알 수 있다. 따라서, P_1은 확률변수이고, 확률변수의 함수인 식 2.11의 수익률 R 또한 확률변수가 된다.

불확실한 미래수익률을 정확히 예측할 수는 없지만, 평균적으로 그 값을 기대할 수는 있다. $E(R)$을 *기대수익률(expected rate of return)*이라 하고, 투자자들은 이를 불확실한 투자에 대한 수익률기준으로 삼는다.

어떤 투자안에 투자했을 때, 투자안의 미래가 불확실할수록 그 투자안은 위험하다고 한다. 즉, 투자론에서 *위험(risk)*은 *불확실성(uncertainty)*을 의미한다고 볼 수 있다. 따라서, 투자안의 위험은 투자안 수익률의 분산이나 표준편차로 측정한다. 왜냐하면, 이들 산포도가 작을수록 미래의 값을 확실하게 예측할 수 있기 때문이다. 즉, 미래 수익률의 불확실성과 수익률의 분산 또는 표준편차는 비례하므로, *수익률의 분산이나 표준편차를 투자안의 위험을 측정하는 측정치로 정의*하는 것이다.

*무위험자산(risk-free asset)*이란, 위험이 없는, 즉 미래 가격과 수익률이 확률 1로서 확실한 자산을 의미한다. 식 2.11에서 P_1과 R이 상수인 자산이 곧 무위험자산인 것이다. 따라서, 수학적으로 $Var(R) = 0$이 되어, 위험이 존재하지 않는 것으로 나타나게 된다.

예   시 1. 자산 1과 자산 2의 수익률을 각각 R_1과 R_2라 할 때, R_1과 R_2의 결합확률분포는 다음과 같다.

R_2 $f_{R_1,R_2}(r_1,r_2)$	R_1 -10%	0%	10%	$f_{R_2}(r_2)$
-5%	*1)*	0.1	0.0	0.2
0%	0.2	*3)*	0.1	*4)*
5%	0.0	0.3	0.0	*5)*
$f_{R_1}(r_1)$	*2)*	0.6	0.1	1.0

(1) 위의 표에서 빈칸을 메우시오.

(2) $E(R_1)$, $Var(R_1)$, $E(R_2)$, $Var(R_2)$, 및 $Cov(R_1,R_2)$를 구하시오. 단, %로 계산하지 말 것.

풀 이. **(1)** 다음과 같다.

R_2 $f_{R_1,R_2}(r_1,r_2)$	R_1 -10%	0%	10%	$f_{R_2}(r_2)$
-5%	*1) 0.1*	0.1	0.0	0.2
0%	0.2	*3) 0.2*	0.1	*4) 0.5*
5%	0.0	0.3	0.0	*5) 0.3*
$f_{R_1}(r_1)$	*2) 0.3*	0.6	0.1	1.0

(2) 다음과 같다.

$$E(R_1) = \sum r_1 f_{R_1}(r_1)$$

$$= -0.1 \times 0.3 + 0 \times 0.6 + 0.1 \times 0.1$$

$$= -0.03 + 0.01$$

$$= -0.02.$$

$$Var(R_1) = E\left(R_1^2\right) - [E(R_1)]^2$$

$$= \sum r_1^2 f_{R_1}(r_1) - [E(R_1)]^2$$

$$= 0.1^2 \times 0.3 + 0^2 \times 0.6 + 0.1^2 \times 0.1 - 0.02^2$$

$$= 0.003 + 0.001 - 0.0004$$

$$= 0.0036.$$

$$E(R_2) = \sum r_2 f_{R_2}(r_2)$$

$$= -0.05 \times 0.2 + 0 \times 0.5 + 0.05 \times 0.3$$

$$= -0.01 + 0.015$$

$$= 0.005.$$

$$Var(R_2) = E\left(R_2^2\right) - [E(R_2)]^2$$

$$= \sum r_2^2 f_{R_2}(r_2) - [E(R_2)]^2$$

$$= 0.05^2 \times 0.2 + 0^2 \times 0.5 + 0.05^2 \times 0.3 - 0.005^2$$

$$= 0.0005 + 0.00075 - 0.000025$$

$$= 0.001225.$$

$$Cov(R_1, R_2) = E(R_1 R_2) - E(R_1) E(R_2)$$

$$= \sum r_1 r_2 f_{R_1, R_2}(r_1, r_2) - E(R_1) E(R_2)$$

$$= 0.1 \times 0.05 \times 0.1 - 0 \times 0.05 \times 0.1 - 0.1 \times 0.05 \times 0$$

$$- 0.1 \times 0 \times 0.2 + 0 \times 0 \times 0.2 + 0.1 \times 0 \times 0.1$$

$$- 0.1 \times 0.05 \times 0 + 0 \times 0.05 \times 0.3 + 0.1 \times 0.05 \times 0$$

$$+ 0.02 \times 0.005$$

$$= 0.0005 + 0.0001$$

$$= 0.0006.$$

$\square$

제 3 장

포트폴리오 이론

금융투자에 관해 널리 알려진 격언 중에 "계란을 한 바구니에 담지 말라"는 말이 있다. 바로 분산투자에 관한 격언이다. 이러한 분산투자를 수학적으로 정당화하는 이론이 바로 포트폴리오 이론(*portfolio theory*)이다. 현대 투자론의 시작점이라고 해도 과언이 아닌 포트폴리오 이론은 Markowitz(1952, 1956, 1959)에 의해 개발되었다. 이 장에서는 분산투자의 이론적인 근거가 되는 포트폴리오 이론에 대해 알아보기로 한다.

3.1 포트폴리오

금융시장에서 자산의 다발을 포트폴리오(*portfolio*)라 한다. N개의 위험자산으로 이루어진 금융시장에 대해, 자산 $i \in \mathbb{N}_N$의 $t \in \{0, 1\}$시점에서의 가치를 V_t^i, 단순수익률을 R_i라 하고, N개의 위험자산으로 이루어진 포트폴리오 P의 가치를 $t \in \{0, 1\}$시점에서의 가치를 V_t^P, 단순수익률을 R_P라 하자.

포트폴리오 P에서 자산 i의 비중을 w_i라 하면, $w_i = \dfrac{V_0^i}{V_0^P}$ 이므로,

$$\sum_{i=1}^{N} w_i = \frac{1}{V_0^P} \sum_{i=1}^{N} V_0^i = \frac{V_0^P}{V_0^P} = 1$$

및

$$\sum_{i=1}^{N} w_i R_i = \sum_{i=1}^{N} \frac{V_0^i}{V_0^P} \cdot \frac{V_1^i - V_0^i}{V_0^i} = \frac{1}{V_0^P} \left[\sum_{i=1}^{N} V_1^i - \sum_{i=1}^{N} V_0^i \right]$$

$$= \frac{V_1^P - V_0^P}{V_0^P} = R_P$$

이다. 따라서,

$$E(R_P) = \sum_{i=1}^{N} w_i E(R_i)$$

및

$$Var(R_P) = Cov\left(\sum_{i=1}^{N} w_i R_i, \sum_{j=1}^{N} w_j R_j \right) = \sum_{i=1}^{N} \sum_{j=1}^{N} w_i w_j Cov\left(R_i, R_j\right)$$

$$= \sum_{i=1}^{N} w_i w_i Cov(R_i, R_i) + \sum_{i \neq j} w_i w_j Cov\left(R_i, R_j\right)$$

$$= \sum_{i=1}^{N} w_i^2 Var(R_i) + 2 \sum_{i>j} w_i w_j Cov\left(R_i, R_j\right)$$

가 된다.

예   시 2. 예시 1에서, 자산 1에 대한 투자비중이 20%, 자산 2에 대한 투자비중이 80%인 포트폴리오 P의 수익률을 R_P라 할 때, $E(R_P)$와 $Var(R_P)$를 구하시오. 단, %로 계산하지 말 것.

풀   이. $w = 0.2$라 하면, $R_P = wR_1 + (1 - w)R_2$이므로,

$$E(R_P) = wE(R_1) + (1 - w)E(R_2)$$
$$= -0.2 \times 0.02 + 0.8 \times 0.005$$
$$= -0.004 + 0.004$$
$$= 0$$

및

$$Var(R_P) = w^2 Var(R_1) + (1 - w)^2 Var(R_2)$$
$$+ 2w(1 - w)Cov(R_1, R_2)$$
$$= 0.2^2 \times 0.0036 + 0.8^2 \times 0.001225$$
$$+ 2 \times 0.2 \times 0.8 \times 0.0006$$
$$= 0.000144 + 0.000784 + 0.000192$$
$$= 0.00112.$$

$\square$

3.2 효율적 프론티어

N개의 위험자산으로 이루어진 금융시장에서 N개의 위험자산으로 구성할 수 있는 포트폴리오 P의 종류는 무궁무진하다.

> **정   의 15** (효율적 프론티어). N개의 위험자산으로 이루어진 금융시장에서 N개의 위험자산으로 구성할 수 있는 포트폴리오 P에 대하여,
>
> (a) 주어진 $E(R_P)$에 대해 최소의 $Var(R_P)$를 갖고, 주어진 $Var(R_P)$에 대해 최대의 $E(R_P)$를 갖는 포트폴리오 P를 **효율적 포트폴리오(*efficient portfolio*)**라 한다.
>
> (b) 효율적 포트폴리오의 집합을 $\sigma_R\text{–}E(R)$ 평면에 도시한 것을 **효율적 프론티어(*efficient frontier*)**라 한다.

임의의 효율적 포트폴리오 P는 임의의 두 포트폴리오 1과 2로 나눌 수 있다. 포트폴리오 1에 대한 투자비중을 w라 하면,

$$R_P = wR_1 + (1-w)R_2$$
$$= w(R_1 - R_2) + R_2$$

이므로, 기대값을 취하면,

$$E(R_P) = w\left[E(R_1) - E(R_2)\right] + E(R_2)$$

즉

$$w = \frac{E(R_P) - E(R_2)}{E(R_1) - E(R_2)} \qquad (3.1)$$

이고 분산을 취하면,

$$\sigma_P^2 = w^2 Var(R_1 - R_2)$$
$$+ 2wCov(R_1 - R_2, R_2) + Var(R_2) \qquad (3.2)$$

이므로, 식 3.1을 식 3.2에 대입하면

$$\sigma_P^2 = Var(R_1 - R_2)\left[\frac{E(R_P) - E(R_2)}{E(R_1) - E(R_2)}\right]^2$$
$$+ 2Cov(R_1 - R_2, R_2)\frac{E(R_P) - E(R_2)}{E(R_1) - E(R_2)} + Var(R_2)$$

가 되어, σ_R-$E(R)$ 평면상에서 쌍곡선(hyperbola)을 이룬다. 참고로, 이차식 $ax^2 + by^2 + cx + dy + e = 0$에서, $ab < 0$이면 쌍곡선(hyperbola), $ab > 0$이면 타원(ellipse)이다.

여기서, 쌍곡선이 상하로 마주보고 있는 형태인가, 아니면 좌우로 마주보고 있는 형태인가를 판단해야 한다. $\sigma_P > 0$이라는 조건하에서, $E(R_P)$가 정해지면 식 3.1에 의해 하나의 w가, 이어서 식 3.2에 의해 하나의 σ_P가 정해진다. 또한,

$\sigma_P > 0$이라는 조건하에서, 하나의 σ_P가 정해지면, 식 3.2에 의해 2개, 1개, 혹은 0개의 w가 정해지고, 그러면 식 3.1에 의해 $E(R_P)$ 또한 2개, 1개, 혹은 0개로 정해지게 된다. σ_R-$E(R)$ 평면상에서 이러한 조건을 만족하려면 쌍곡선이 좌우로 마주보고 있어야 한다. 따라서, 우리의 쌍곡선은 좌우로 마주보고 있는 형태로서 $\sigma_P > 0$인 영역에 있는 부분이라는 것을 알 수 있다.

마지막으로, 이러한 P들 중 위험이 최소인 포트폴리오를 **최소분산포트폴리오(*minimum variance portfolio*)**라 하는데, 이 또한 위험포트폴리오이므로 $\sigma_{MVP} > 0$이고 무위험자산 F의 $\sigma_F = 0$과 비교하면, 최소한 $E(R_{MVP}) > R_F > 0$이 될 것이다(***risk and return trade-off***).

이러한 조건을 모두 만족하려면 그림 3.1과 같은 형태의 쌍곡선이 되는데, 이러한 쌍곡선에서 주어진 σ_P값에 대해 $E(R_P)$값이 큰 부분만이 정의상 효율적 프론티어(efficient frontier)가 된다.

이러한 논의는 임의의 두 자산의 결합으로 이루어진 모든 포트폴리오에 대해서도 동일하게 적용된다. 즉, 임의의 두 자산의 결합으로 이루어진 포트폴리오의 집합 또한 쌍곡선을 이루게 된다. 이때 물론, 해당 쌍곡선은 두 자산의 좌표를 지나게 될 것이다. 왜냐하면 각각의 개별자산도 그 자신에 대해 100%의 투자비중으로 구성한 포트폴리오로 볼 수 있기 때문이다.

즉, 시장에 있는 모든 자산들을 둘씩 짝지어서 쌍곡선을 만들고, 서로 다른 쌍곡선들상에 있는 임의의 두 점들을

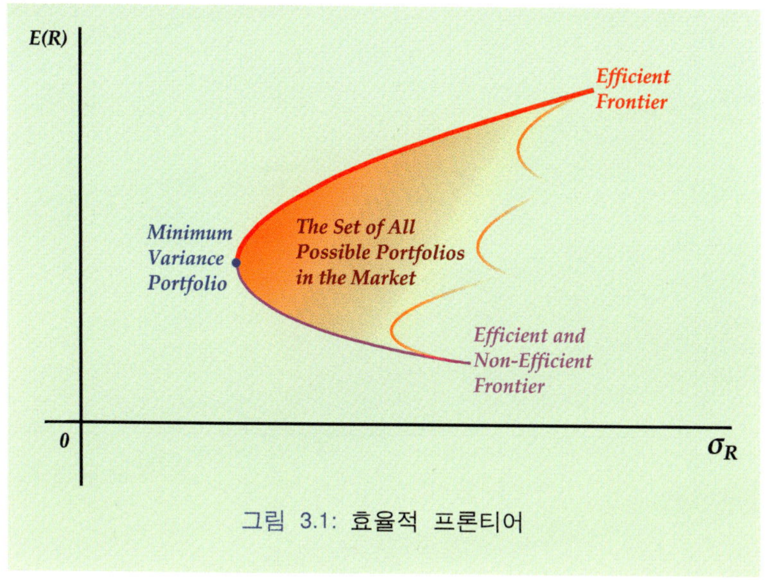

그림 3.1: 효율적 프론티어

이용하여 새로운 쌍곡선을 구성하는 등의 방식으로 포트폴리오를 형성하면, 그림 3.1에서와 같은 시장 내 모든 투자 가능한 포트폴리오의 집합을 형성하게 된다. 물론, 이 집합은 효율적 프론티어에 해당하는 쌍곡선을 벗어날 수는 없다. 정의상 효율적 프론티어는 주어진 $E(R_P)$에 대해 최소의 $Var(R_P)$를 갖고, 주어진 $Var(R_P)$에 대해 최대의 $E(R_P)$를 갖는 포트폴리오들의 집합이기 때문이다.

3.3 효용함수와 무차별곡선

어떤 소비자가 어떤 재화 A를 소비할 때 느끼는 만족감을 그 재화에 대한 그 소비자의 **효용(utility)**이라 한다. 재화의

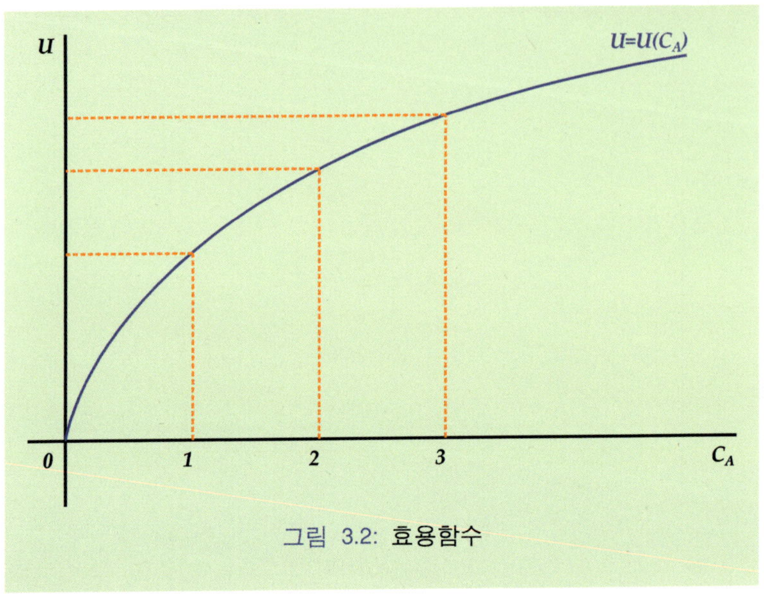

그림 3.2: 효용함수

소비량이 늘어날수록 효용은 증가하는데, 이를 **총효용증가의 법칙**(*law of increasing utility*)이라 한다. 재화를 1단위 추가소비할 때 효용의 증가분을 **한계효용**(*marginal utility*)이라 하는데, 한계효용은 재화의 소비량이 늘어날수록 감소한다. 이를 **한계효용체감의 법칙**(*law of decreasing marginal utility*)이라 한다. 재화 A에 대한 소비량을 C_A라 하고, 어떤 소비자의 C_A에 대한 효용을 함수 $U(C_A)$로 나타내면, $U(C_A)$를 그 소비자의 **효용함수**(*utility function*)라 한다. 총효용증가의 법칙과 한계효용체감의 법칙이 성립할 때, 효용함수는 그림 3.2와 같이 된다. 즉, $U'(C_A) > 0$ 및 $U''(C_A) < 0$.

어떤 소비자가 재화 A와 재화 B를 소비할 때의 효용함

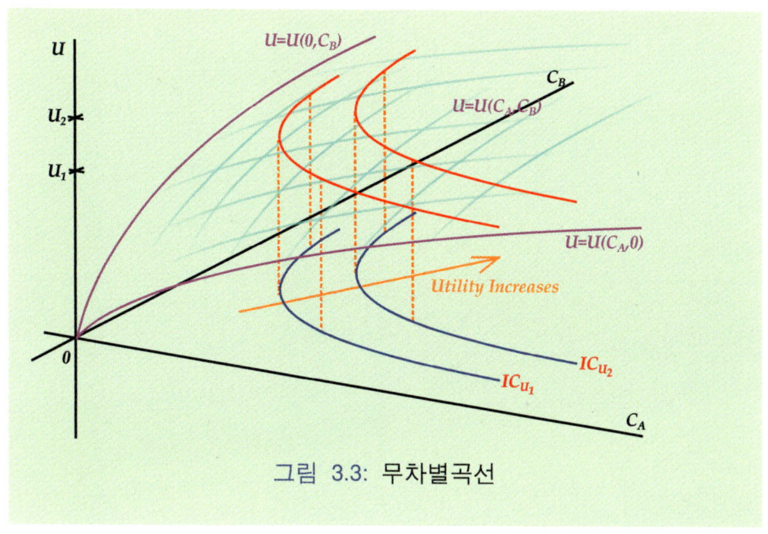

그림 3.3: 무차별곡선

수를 $U(C_A, C_B)$라 할 때, 동일한 효용수준 U_1을 달성하게 해주는 C_A와 C_B의 순서쌍의 집합, 즉

$$IC_{U_1} := \{(C_A, C_B) : U_1 = U(C_A, C_B)\}$$

를 효용 U_1에 대한 그 소비자의 **무차별곡선(indifference curve)**이라 한다.[1]

그림 3.3에서 볼 수 있듯이, 3차원 공간에서 임의의 고정된 C_A와 C_B 수준에서 효용함수를 그려보면, 그림 3.3과

---

1) 여기서 :=는 "정의에 의해 같다"라는 의미이다. 따라서,

$$IC_{U_1} := \{(C_A, C_B) : U_1 = U(C_A, C_B)\}$$

는 "IC_{U_1}가 정의에 의해서 $\{(C_A, C_B) : U_1 = U(C_A, C_B)\}$와 같다" 혹은 "$IC_{U_1}$가 $\{(C_A, C_B) : U_1 = U(C_A, C_B)\}$와 같도록 정의되었다"라는 의미이다.

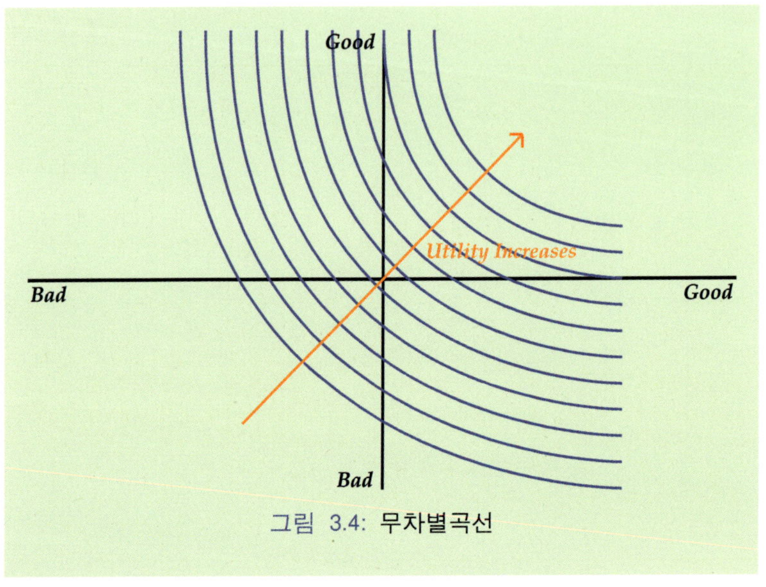

그림 3.4: 무차별곡선

같은 효용곡면이 만들어진다. 이러한 효용곡면에 대해서 효용수준 U_1에 대응하는 순서쌍 (C_A, C_B)의 집합을 C_A–C_B 평면상에 표시한 것이 IC_{U_1}이고, 그보다 높은 효용수준 U_2에 대응하는 (C_A, C_B)의 집합을 평면상에 표시한 것이 IC_{U_1}이다. 이를 통해 무차별곡선은 원점에서 멀리 있는 것일수록 더 큰 수준의 효용을 나타내고 있음을 알 수 있다.

이 개념을 평면상에 더욱 확장하여 그리면 그림 3.4와 같다. 즉, 소비의 증가는 효용의 증가로 이어진다는 의미에서 "좋은 것"이고, 소비의 감소는 효용의 감소로 이어진다는 의미에서 "나쁜 것"이라 할 수 있는데, 소비의 증가방향을 Good이라 표현하고 소비의 감소방향을 Bad라 표현해서 평면상에 나타내면 그림 3.4와 같이 된다.

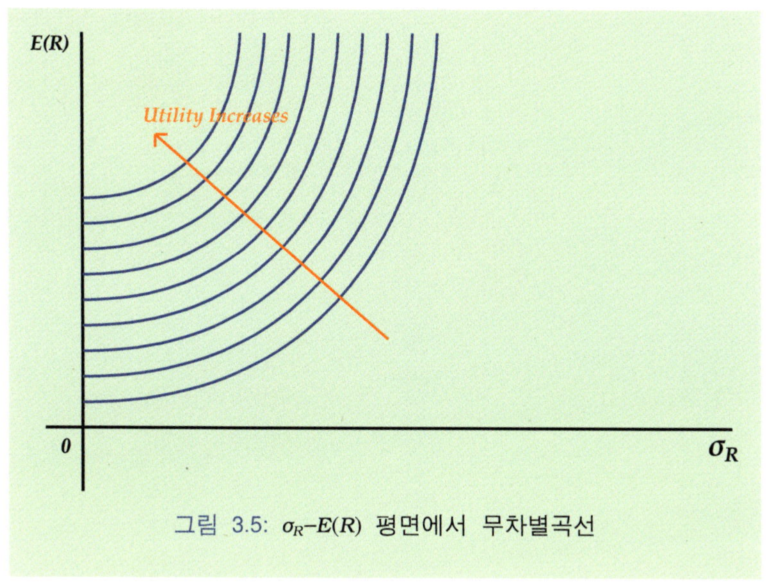

그림 3.5: σ_R-$E(R)$ 평면에서 무차별곡선

이때, σ_R과 $E(R)$을 재화의 소비로 생각하면, 투자자들이 $E(R)$은 좋아하고, σ_R은 싫어하기 때문에, σ_R-$E(R)$ 평면상에 그림 3.5와 같은 무차별곡선을 나타내게 된다.

3.4 최적위험포트폴리오

투자자들이 평균–분산 기준으로 투자활동을 할 때, 금융시장에서 최적투자는 그림 3.6과 같이 투자자의 효용을 극대화시킬 수 있는 위험포트폴리오를 **최적위험포트폴리오 (optimal risky portfolio)**로 보유하는 것이다.

이를 통해, 단일 자산이나 몇 개의 자산으로 구성된 일반적인 포트폴리오를 보유하는 경우에 비해 최적위험포트폴

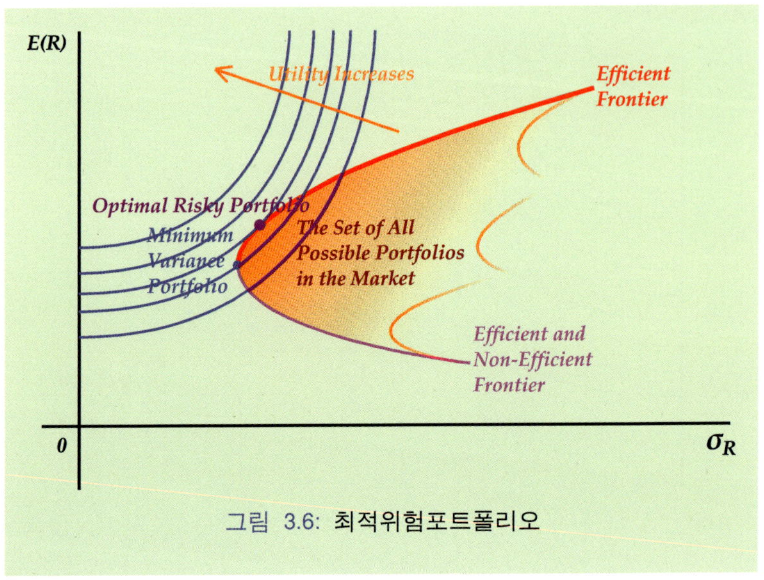

그림 3.6: 최적위험포트폴리오

리오에 투자하는 경우 투자자의 효용이 극대화된다는 것을 알 수 있다. 이것이 바로 분산투자가 단일 자산에 대한 투자보다 우월한 이유이다.

뿐만 아니라, 그림 3.7에서 볼 수 있는 바와 같이 투자 가능한 위험자산의 수가 증가하면 투자자는 더 큰 효용을 누릴 수 있다. 투자 가능한 자산의 수가 증가하게 되면, 기존의 투자 가능한 포트폴리오들과 새로운 자산들 간에 새로운 쌍곡선을 형성하게 되고, 이러한 쌍곡선이 중첩되어 그림 3.7과 같이 더 넓은 면적의 투자가능포트폴리오 집합을 형성하게 된다.

이때, 원래의 최적위험포트폴리오와 새로운 최적위험포트폴리오를 비교해보면, 새로운 최적위험포트폴리오가 위험

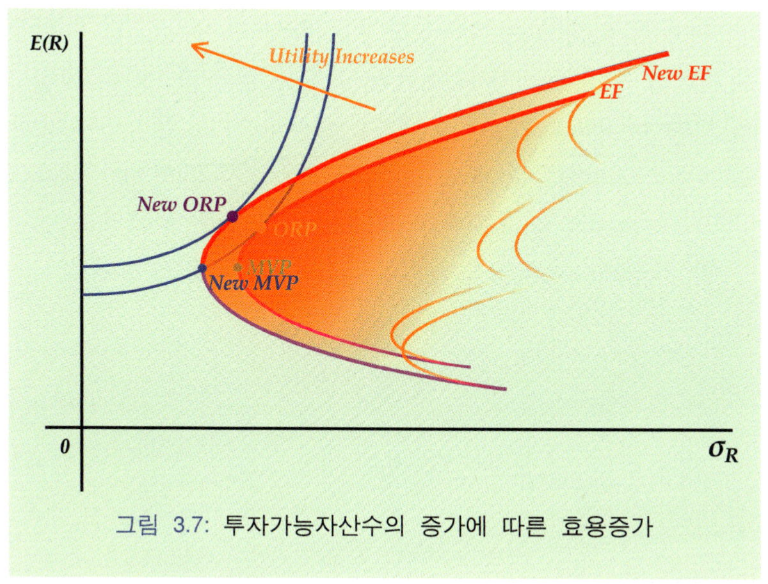

그림 3.7: 투자가능자산수의 증가에 따른 효용증가

은 더 낮고 기대수익률은 더 높음을 알 수 있다. 즉, 투자가능한 자산의 수가 증가하여 더 많은 자산으로 포트폴리오를 구성할수록 포트폴리오의 위험은 낮추고 기대수익률은 높일 수 있게 되어 투자자의 효용이 더 커지게 된다. 따라서, 개별자산에 투자하는 것보다는 포트폴리오를 구성하는 것이 더 유리하고, 더 많은 자산으로 포트폴리오를 구성하는 것이 보다 더 유리한 것이다. 이것이 바로 분산투자의 효익이다.

따라서 금융시장이 발달하여 위험자산의 수가 증가하면 투자자는 금융시장에 대한 투자로부터 더 큰 효용을 누릴 수 있다. 또한 투자자가 국내시장에만 머물지 않고 국제분산투자를 하게 되면, 투자 가능한 위험자산의 수가 늘어나므로 더 큰 효용을 누릴 수 있다.

　　하지만 실제로 국제분산투자를 하는 투자자는 많지 않고 대부분의 투자자는 국내에서만 투자를 하는데, 이를 **홈바이어스*(home bias)* 현상**이라 한다. 홈바이어스 현상은 French and Poterba(1991), Tesar and Werner(1995), Burger and Warnock (2007), Sorensen et al.(2007) 등에 의해 최초로 보고되고 연구된 바 있는데, 이는 포트폴리오 이론의 현실적인 불완전성을 보여주는 일례라 할 수 있다.

제 4 장

자본자산가격결정모형

앞 장의 포트폴리오 이론이 위험자산만으로 구성된 자본시장에서 투자자들의 최적투자선택문제에 대해 알아보았다면, 이 장에서는 무위험자산이 추가된 상황에서 투자자들의 최적투자선택문제를 살펴보기로 한다. 이러한 문제는 Sharpe(1964), Lintner(1965), Mossin(1966)에 의해 최초로 다루어졌으며, 이들은 이러한 논의를 기반으로 자본자산가격결정모형(Capital Asset Pricing Model, CAPM)을 유도하였다. 이 장에서는 이들이 이 문제를 어떻게 다루었으며, 어떠한 논리로 자본자산가격결정모형을 유도하였는지 살펴보기로 한다.

4.1 자본배분선

N개의 위험자산과 1개의 무위험자산이 있는 금융시장에 대해, N개의 위험자산으로 구성된 포트폴리오를 P, 무위험자산을 F, P와 F를 이용해 구성한 포트폴리오를 C라 하자. 여기서, 위험자산만으로 구성된 포트폴리오 P를 **위험포트**

폴리오(*risky portfolio*), 위험포트폴리오 P와 무위험자산 F를 결합한 포트폴리오 C를 완성포트폴리오(*complete portfolio*)라 한다. P, F, C의 수익률을 R_P, R_F, R_C라 하고, C에서 P에 대한 투자비중을 w라 하면,

$$R_C = wR_P + (1-w)R_F$$

이므로, 기대값을 취하면,

$$E(R_C) = wE(R_P) + (1-w)R_F$$

가 되어,

$$E(R_C) = w[E(R_P) - R_F] + R_F. \tag{4.1}$$

분산을 구하면,

$$\sigma_C^2 = w^2 \sigma_P^2$$

이므로,

$$w = \frac{\sigma_C}{\sigma_P}. \tag{4.2}$$

식 4.2를 식 4.1에 대입하면,

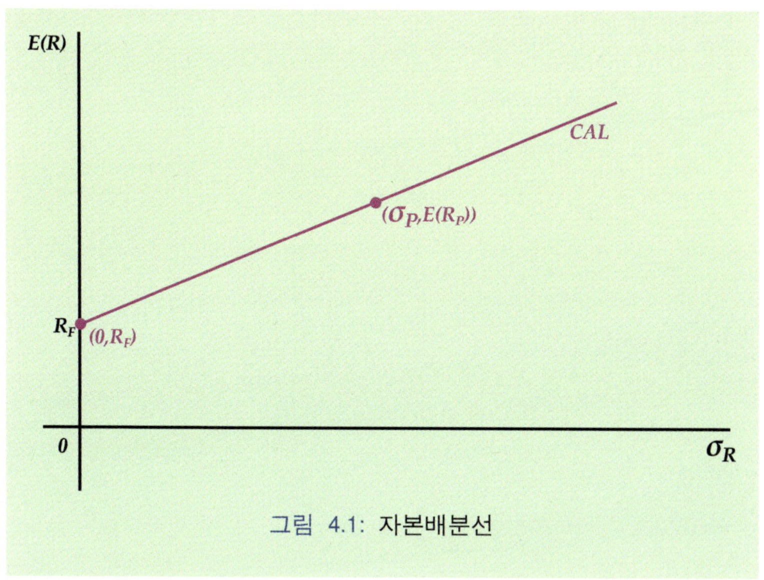

그림 4.1: 자본배분선

$$E(R_C) = \frac{E(R_P) - R_F}{\sigma_P} \sigma_C + R_F.$$

이를 **자본배분선(*capital allocation line*)**이라 한다.

　자본배분선은 P와 F에 대한 투자비중 w가 변할 때, 구성 가능한 모든 완성포트폴리오 C의 집합을 σ_R-$E(R)$ 평면에 도시한 것이므로, 자본배분선(capital allocation line)이라는 이름을 갖게 되었다. 이를 그림으로 나타내면, 그림 4.1과 같다.

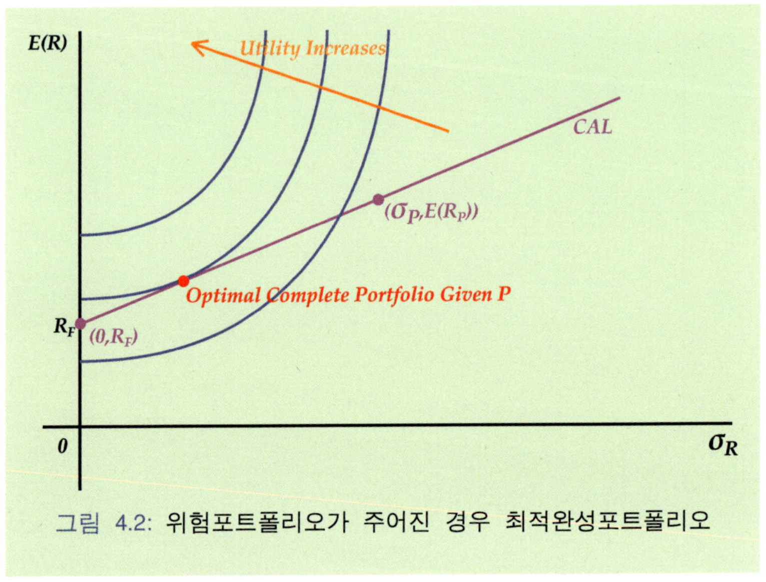

그림 4.2: 위험포트폴리오가 주어진 경우 최적완성포트폴리오

4.2   최적완성포트폴리오

위험포트폴리오 P가 주어져 있을 경우, P와 F를 이용하여 완성포트폴리오 C를 어떻게 구성할 것인지 살펴보자. 투자자가 평균-분산 기준으로 투자활동을 할 경우, σ_R–$E(R)$ 평면상에서 자신의 효용을 극대화하는 완성포트폴리오 C에 투자하게 될 것이다. 즉, 그림 4.2와 같이 무차별곡선과 자본배분선이 접하는 접점이 바로 최적완성포트폴리오이며, 이 포트폴리오에 투자할 경우 투자자의 효용이 극대화됨을 알 수 있다.

지금까지 위험포트폴리오 P가 주어져 있는 경우를 살펴보았는데, 그렇다면 위험포트폴리오 P는 어떻게 선택할 것

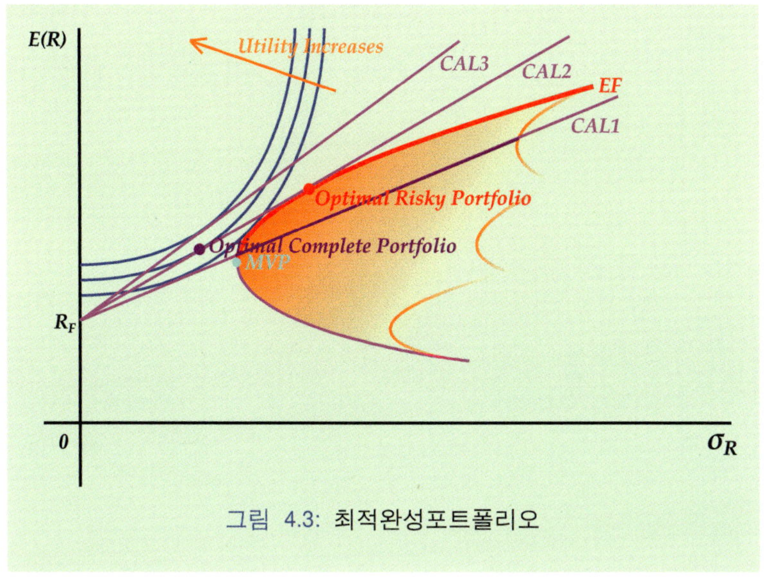

그림 4.3: 최적완성포트폴리오

인가? 위험포트폴리오 P는 금융시장의 N개의 위험자산으로 구성 가능한 모든 포트폴리오 중 하나이다. N개의 위험자산으로 구성 가능한 모든 위험포트폴리오들의 집합 내에서 위험포트폴리오 P를 변화시켜가면서, P와 무위험자산 F로 최적완성포트폴리오 C의 집합을 구성하면, 그림 4.3에서와 같이 각각의 P에 대해 다양한 자본배분선을 얻을 수 있다. 이때, 각 자본배분선이 투자자의 무차별곡선과 접하는 점에서 최적완성포트폴리오를 구성할 수 있다. 즉, 각각의 P에 대해 하나씩의 자본배분선과 하나씩의 최적완성포트폴리오가 대응하게 된다. 여기서, 이들 최적완성포트폴리오들 중 투자자의 효용을 극대화할 수 있는 최적완성포트폴리오를 찾으면, 이에 대응하는 위험포트폴리오 P가 바로 **최적위험**

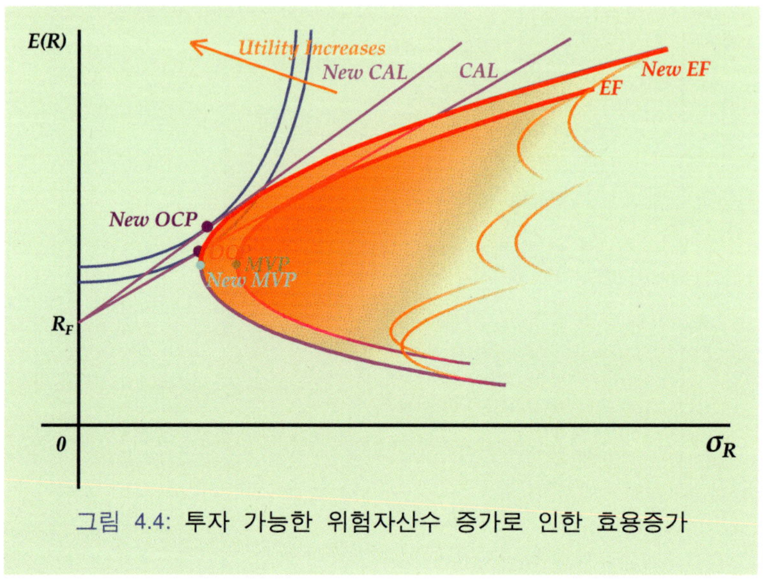

그림 4.4: 투자 가능한 위험자산수 증가로 인한 효용증가

포트폴리오(*optimal risky portfolio*)인 것이다.

구체적으로, 그림 4.3과 같이, 최적위험포트폴리오(optimal risky portfolio)는 자본배분선(capital allocation line)과 효율적 프론티어(efficient frontier)가 접하는 접점에 해당하는 포트폴리오이며, 이때의 자본배분선(capital allocation line)과 무차별곡선(indifference curve)이 접하는 접점에 해당하는 포트폴리오가 바로 최적완성포트폴리오(optimal complete portfolio)가 된다.

금융시장이 발달해서 위험자산의 수가 많아지거나, 투자자가 국제분산투자를 통해 투자 가능한 위험자산의 수를 늘릴 경우, 그림 4.4와 같이 투자자는 투자를 통한 효용을 증대시킬 수 있다. 또한, 무위험자산을 배제하고 위험자산에만

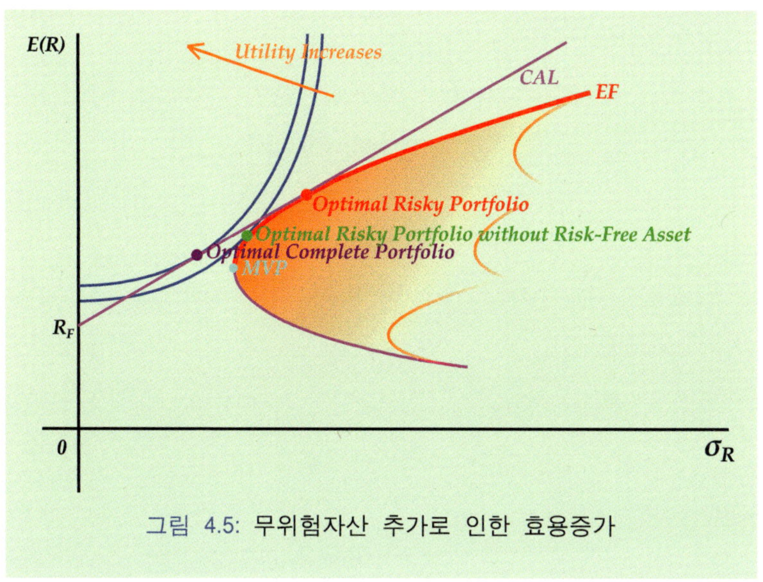

그림 4.5: 무위험자산 추가로 인한 효용증가

투자하는 경우와 무위험자산에까지 모두 투자하는 경우를 비교해보면, 그림 4.5와 같이 무위험자산에까지 투자하는 경우에 투자자의 효용을 증가시킬 수 있다. 이는 위험자산의 수가 늘어나는 경우 투자자의 효용을 증대시킬 수 있다는 것과 함께, 위험자산이든 무위험자산이든 투자가능 자산의 수가 늘어나는 것은 투자자의 효용을 증대시키는 효과를 갖는다는 것을 의미한다.

4.3 자본자산가격결정모형

이때, 금융시장의 모든 투자자들이 위험자산과 무위험자산의 σ_R 및 $E(R)$에 대해 동질적인 기대(homogeneous ex-

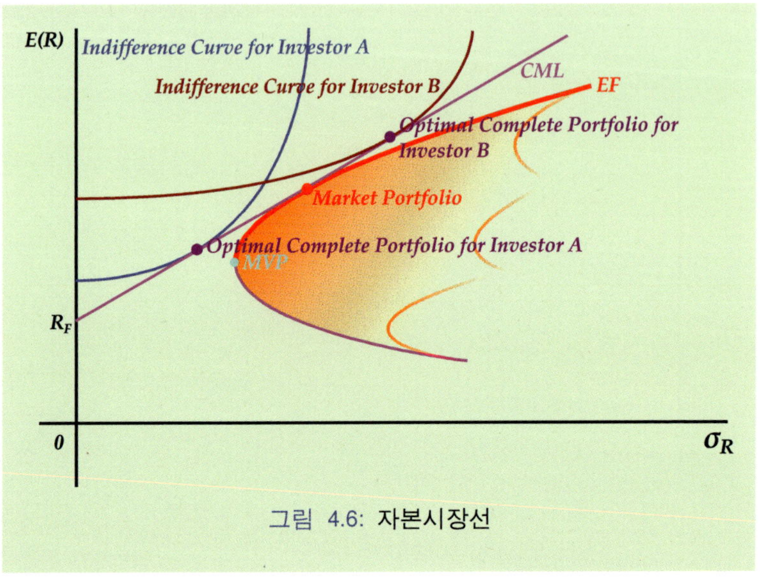

그림 4.6: 자본시장선

pectation)를 하고 있고, 이들이 모두 평균–분산 기준에 따라 투자를 한다면, 이들은 모두 동일한 구성의 최적위험포트폴리오(optimal risky portfolio)를 보유하게 될 것이다. 물론, 이때, 투자자들의 효용체계는 다를 수 있으므로, 최적완성 포트폴리오(optimal risky portfolio)의 구성은 다를 수 있다.

정　　의 16 (시장포트폴리오와 자본시장선). N개의 위험자산과 1개의 무위험자산으로 구성된 금융시장에 대해,

(a) 금융시장 내의 모든 위험자산을 시장 내 가치비중과 동일한 투자비중으로 투자하여 구성한 포트폴리오를

> **시장포트폴리오(*market portfolio*)**라 하고,
> (*b*) 시장포트폴리오와 무위험자산으로 구성한 완성포트
>   폴리오의 집합, 즉 자본배분선을 **자본시장선(*capital*
>   ***market line*)**이라 한다.

이 경우, 모든 투자자들이 동일한 구성의 최적위험포트
폴리오를 보유하므로, 이때의 최적위험포트폴리오는 **시장
포트폴리오(*market portfolio*)**가 되고, 이때의 자본배분선을
자본시장선(*capital market line*)이라 한다. 이를 그림으로 나
타내면 그림 4.6과 같다.

> **정   리 8.** 모든 투자자들이 동일한 구성의 최적위험
> 포트폴리오(optimal risky portfolio)를 보유할 때 이 포트
> 폴리오는 시장포트폴리오(market portfolio)가 된다.

증   명. *1 단계.* K명의 투자자가 있는 금융시장에서 t
시점에서 투자자 i가 보유한 위험포트폴리오 가치를 V_t^i 시
장전체의 위험포트폴리오의 가치를 V_t^M이라 하고,

$$w^i = \frac{V_0^i}{V_0^M} \;\; \text{및} \;\; R^i = \frac{V_1^i - V_0^i}{V_0^i}$$

라 하자. 그러면,

$$V_t^M = \sum_{i=1}^{K} V_t^i$$

이므로,

$$\sum_{i=1}^{K} w^i = \frac{1}{V_0^M} \sum_{i=1}^{K} V_0^i = \frac{V_0^M}{V_0^M} = 1$$

이고

$$\sum_{i=1}^{K} w^i R^i = \sum_{i=1}^{K} \frac{V_1^i - V_0^i}{V_0^M} = \frac{1}{V_0^M} \sum_{i=1}^{K} V_1^i - \sum_{i=1}^{K} w^i = \frac{V_1^M}{V_0^M} - 1 = R_M.$$

만약, 임의의 포트폴리오 P에 대해 $\forall i \in \mathbb{N}_K, R^i = R_P$[1]이면,

$$R_M = \sum_{i=1}^{K} w^i R^i = \sum_{i=1}^{K} w^i R_P = R_P \sum_{i=1}^{K} w^i = R_P. \tag{4.3}$$

2 단계. 이때,

$$\exists P, \exists t \in \{0, 1\} : V_t^P \neq a V_t^M$$[2]

단,

$$0 < a \leq 1$$

이라고 가정하자. 그러면,

$$\exists P : R_M = \frac{V_1^M}{V_0^M} - 1 = \frac{a V_1^M}{a V_0^M} - 1 \neq \frac{V_1^P}{V_0^P} - 1 = R_P$$

---

1) $\forall$는 "임의의 ~에 대하여", "모든 ~에 대하여"라는 의미이다. 또한, $\mathbb{N}_K = \{1, 2, 3, \cdots, K\}$를 의미한다. 따라서, $\forall i \in \mathbb{N}_K, R^i = R_P$는 "$i \in \mathbb{N}_K$인 모든 i에 대하여, $R^i = R_P$"라는 뜻이다.

2) $\exists$는 "~가 존재한다", "어떤 ~에 대하여"라는 의미이고 :는 ":이하를 만족하는"이라는 의미로 : 뒤의 구절이 :앞의 대상을 수식하게 해주는 기호이다. 따라서, $\exists P, \exists t \in \{0, 1\} : V_t^P \neq a V_t^M$는 "$V_t^P \neq a V_t^M$의 조건을 만족하는 P와 $t \in \{0, 1\}$인 t가 존재한다"라는 의미이다.

가 되어 식 4.3에 모순이다.

$$\therefore \; \forall P, \forall t \in \{0, 1\}, V_t^P = aV_t^M$$

단,

$$0 < a \le 1.$$

즉, 투자자들이 보유한 동일한 구성의 최적위험포트폴리오 (optimal risky portfolio)는 모두 시장포트폴리오(market portfolio)이다. $\square$

여기서, 시장포트폴리오 M과 위험자산 j를 각각 w와 $1 - w$의 투자비중으로 구성한 포트폴리오 P에 대하여,

$$R_P = wR_M + (1 - w)R_j$$

이므로,

$$E(R_P) = wE(R_M) + (1 - w)E(R_j) \tag{4.4}$$

및

$$\sigma_P = \sqrt{w^2\sigma_M^2 + (1 - w)^2\sigma_j^2 + 2w(1 - w)Cov(R_M, R_j)}. \tag{4.5}$$

식 4.4와 식 4.5에서 w를 소거하여 σ_P와 $E(R_P)$에 대한 관계식을 도출하면, 이는 σ_R–$E(R)$ 평면상에서 점 $\left(\sigma_j, E(R_j)\right)$ 와 점 $(\sigma_M, E(R_M))$을 지나는 쌍곡선(hyperbola)이 되는데, 이

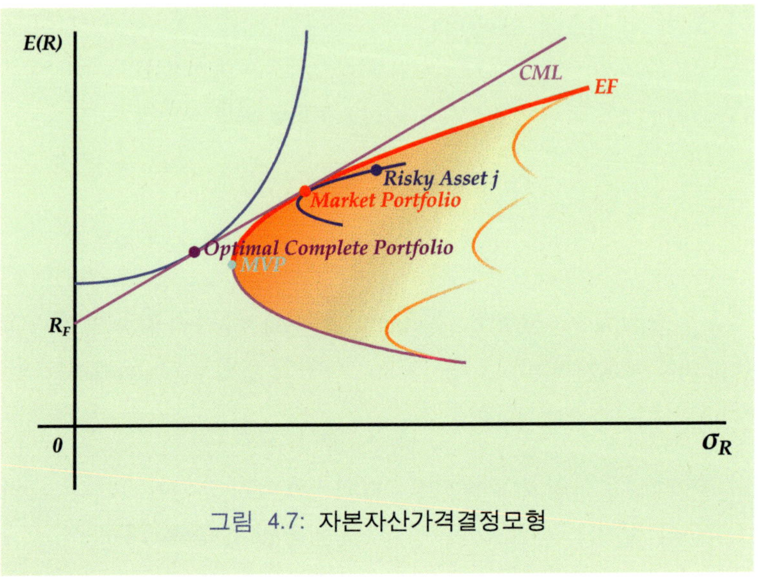

그림 4.7: 자본자산가격결정모형

쌍곡선은 효율적 프론티어의 정의상 σ_R나 $E(R)$ 면에서 효율적 프론티어를 넘어설 수 없기 때문에, 그림 4.7과 같이 점 $(\sigma_M, E(R_M))$에서 효율적 프론티어(efficient frontier) 및 자본시장선(capital market line)과 접할 수 밖에 없다.

이 쌍곡선이 자본시장선과 점 $(\sigma_M, E(R_M))$에서 접하므로, 점 $(\sigma_M, E(R_M))$에서 이 쌍곡선의 접선의 기울기는 자본시장선의 기울기와 같다. 즉,

$$\left. \frac{dE(R_P)}{d\sigma_P} \right|_{(\sigma_P, E(R_P)) = (\sigma_M, E(R_M))} = \frac{E(R_M) - R_F}{\sigma_M}.$$

$$\left.\frac{\dfrac{dE(R_P)}{dw}}{\dfrac{d\sigma_P}{dw}}\right|_{w=1} = \frac{E(R_M) - R_F}{\sigma_M}.$$

$$\frac{E(R_M) - E\left(R_j\right)}{\dfrac{1}{2\sigma_M}\left[2\sigma_M^2 - 2Cov\left(R_M, R_j\right)\right]} = \frac{E(R_M) - R_F}{\sigma_M}.$$

$$\frac{E(R_M) - E\left(R_j\right)}{\sigma_M^2 - Cov\left(R_M, R_j\right)} = \frac{E(R_M) - R_F}{\sigma_M^2}.$$

$$\frac{E(R_M) - E\left(R_j\right)}{E(R_M) - R_F} = \frac{\sigma_M^2 - Cov\left(R_M, R_j\right)}{\sigma_M^2}.$$

$$\frac{E(R_M) - E\left(R_j\right)}{E(R_M) - R_F} = 1 - \frac{Cov\left(R_M, R_j\right)}{\sigma_M^2}.$$

$$E\left(R_j\right) = R_F + [E(R_M) - R_F]\frac{Cov\left(R_M, R_j\right)}{Var(R_M)}.$$

따라서, 다음과 같은 식을 얻을 수 있다.

$$E\left(R_j\right) = R_F + [E(R_M) - R_F]\beta_j$$

단,

$$\beta_j = \frac{Cov\left(R_M, R_j\right)}{Var(R_M)}.$$

이 식을 *자본자산가격결정모형(Capital Asset Pricing Model, CAPM)*이라 한다.

여기서, 위험자산 j에 대한 투자비중이 w_j인 임의의 위험포트폴리오 Q에 대해서도 이 식은 성립한다. 즉,

$$E\left(R_j\right) = R_F + [E\left(R_M\right) - R_F]\beta_j$$

단,

$$\beta_j = \frac{Cov\left(R_M, R_j\right)}{Var\left(R_M\right)}$$

이므로,

$$E\left(R_Q\right) = E\left(\sum_{j=1}^{N} w_j R_j\right) = \sum_{j=1}^{N} w_j E\left(R_j\right)$$

$$= R_F \sum_{j=1}^{N} w_j + [E\left(R_M\right) - R_F]\frac{Cov\left(R_M, \sum_{j=1}^{N} w_j R_j\right)}{Var\left(R_M\right)}$$

$$= R_F + [E\left(R_M\right) - R_F]\frac{Cov\left(R_M, R_Q\right)}{Var\left(R_M\right)}.$$

$$\therefore \ E\left(R_Q\right) = R_F + [E\left(R_M\right) - R_F]\beta_Q$$

단,

$$\beta_Q = \frac{Cov\left(R_M, R_Q\right)}{Var\left(R_M\right)}$$

가 되어, 개별자산뿐만 아니라 포트폴리오에 대해서도 자본자산가격결정모형이 성립함을 알 수 있다.

CAPM은 특정 자산이나 포트폴리오의 과거 수익률자료와 시장포트폴리오의 과거수익률자료를 이용하여 β값을

구해낸 후, 미래의 시장전망 $E(R_M)$을 토대로 해당 자산이나 포트폴리오의 미래 수익률 $E(R_j)$ 혹은 $E(R_Q)$를 구해내기 위한 목적으로 사용하는 공식이라 할 수 있다.

제5장

차익거래가격이론

앞 장의 자본자산가격결정모형(CAPM)이 시장포트폴리오의 수익률이라는 단일 요인으로 자산의 수익률을 설명하고 있는 데 반해, Ross(1976)는 이를 확장하여 여러 요인으로 자산의 수익률을 설명하는 차익거래가격결정이론(Arbitrage Pricing Theory, APT)을 제시하였다. CAPM이 모든 투자자들의 효용이 극대화되고 모든 자산의 수요와 공급이 일치하는 시장균형(market equilibrium)하에서 유도한 균형모형(equilibrium model)이라면, APT는 무차익거래조건(no-arbitrage condition)을 이용하여 유도한 무차익거래모형(no-arbitrage model)이라 할 수 있다. 이 장에서는 APT에 대해 알아보고, 이 모형과 CAPM의 관계에 대해 살펴보기로 한다.

5.1   차익거래

어떤 시장에서 동일한 상품이 서로 다른 가격에 거래될 경우, 사람들은 싼 물건을 사서 비싸게 팖으로써 이익을 볼 수 있다. 따라서 이러한 거래는 계속될 것이고, 싼 물건의 수요가 늘어나 싼 물건의 값은 올라가고, 비싼 물건의 공급이 늘어나 비싼 물건의 값은 내려가서 두 물건의 가격은 같아지게 될 것이다. 이와 같이, 하나의 시장에서 거래되는 동일한 상품에는 궁극적으로 하나의 가격만이 부여되는 것을 *일물일가의 법칙(law of one price)*이라 한다.

이때, 동일한 상품이라는 것은 *복제 가능성(replicability)* 까지 염두에 둔 말이다. 즉, 서로 다른 몇가지 상품을 조합해서 특정상품과 동일한 기능을 발휘할 경우, 이 두 상품은 동일한 상품으로 취급하게 된다.

일물일가의 법칙이 깨어져 있는 경우, 위에서 본 것처럼 사람들은 싼 물건을 사서 비싸게 팖으로써, *추가적인 비용과 위험을 부담하지 않고* 확실한 *이익*을 얻을 수 있는데, 이러한 거래를 *차익거래(arbitrage trade)*라 하고, 그 이익을 *차익(arbitrage profit)*이라 한다.

일물일가의 법칙이 깨져 차익거래의 기회가 존재하는 이상, 시장에서 동일 상품의 수요와 공급은 역동적으로 움직이게 되고, 차익거래의 기회가 존재하지 않을 때, 수요와 공급은 일치된 상태에서 안정적으로 머물게 된다. 반대로, 수요와 공급이 일치하지 않는 경우에는, 수요자가 지불하고자 하는 가격과 공급자가 지불받으려는 가격 간에 괴리가 발생하고, 이를 이용해서 차익거래를 할 수 있어 차익거래 기회가 존재하게 되며, 수요와 공급이 일치하는 상황에서는 이러한 기회가 사라지게 된다.

수요와 공급이 만나 안정적인 상태를 이루고 있을 때를 *시장균형(market equilibrium)*이라 하고, 그때의 가격을 *시장가격(market price)*이라 하는데, 위에서 볼 수 있듯, *무차익거래(no arbitrage)*와 *시장균형*, *무차익거래가격(no arbitrage price)*과 *시장가격*은 각각 동일한 의미가 된다.

일반적으로 경제학에서는 균형개념을 이용하여 이론을 전개하는 것이 일반적이지만, 현대 투자론에서는 무차익거래개념을 이용하는 경우가 많다. 본장에서도 무차익거래개념을 이용하여 논의를 전개하기로 한다.

5.2 *K*-요인 모형

정   의 17 (*K*-요인 모형). 수익률이 R_i인 자산 i에 대하여, 모든 자산수익률에 공통으로 영향을 미치는 K개의 공통요소를 $f_1, f_1, \cdots, f_K$라 하면, *자산 i에 대한 K-요인 모형*은 다음과 같이 정의된다.

$$R_i = a_i + \sum_{j=1}^{K} \beta_{ij} f_j + \varepsilon_i$$

단, $\varepsilon_i, \varepsilon_j, f_1, f_2, \cdots, f_K$는 독립이고 $E(\varepsilon_i) = 0$이다.

> **정   리 9.** 자산 i에 대한 K–요인 모형
>
> $$R_i = a_i + \sum_{j=1}^{K} \beta_{ij} f_j + \varepsilon_i$$
>
> 는 다음과 같이 쓸 수도 있다.
>
> $$R_i = E(R_i) + \sum_{j=1}^{K} \beta_{ij} F_j + \varepsilon_i$$
>
> 단, $F_j = f_j - E(f_j)$, $\varepsilon_i, \varepsilon_j, F_1, F_2, \cdots, F_K$는 독립이고, $E(\varepsilon_i) = 0$이다.

증   명. 자산 i에 대한 K–요인 모형

$$R_i = a_i + \sum_{j=1}^{K} \beta_{ij} f_j + \varepsilon_i \tag{5.1}$$

에 대하여,

$$E(R_i) = a_i + \sum_{j=1}^{K} \beta_{ij} E(f_j) \tag{5.2}$$

이므로, 식 5.1에서 식 5.2를 빼면,

$$R_i - E(R_i) = \sum_{j=1}^{K} \beta_{ij} \left[f_j - E(f_j) \right] + \varepsilon_i.$$

$$\therefore\ R_i = E(R_i) + \sum_{j=1}^{K} \beta_{ij} F_j + \varepsilon_i$$

단, $F_j = f_j - E\left(f_j\right)$, $\varepsilon_i, \varepsilon_j, F_1, F_2, \cdots, F_K$는 독립이고, $E(\varepsilon_i) = 0$ 이다. $\qquad\qquad\qquad\qquad\qquad\qquad\qquad\qquad\qquad\qquad\square$

앞서 여러 자산을 한 데 묶은 것을 **포트폴리오*(portfolio)*** 라 부른다고 했는데, 기본적으로 자산에 적용되는 모든 개념이 포트폴리오에도 그대로 적용된다. 포트폴리오에 대한 K-요인 모형을 살펴보면, 아래와 같은 사항을 발견할 수 있다.

정   리 10. 자산 i에 대한 K-요인 모형

$$R_i = E(R_i) + \sum_{j=1}^{K} \beta_{ij} F_j + \varepsilon_i$$

과 다음과 같은 수익률

$$R_P = \sum_{i=1}^{N} w_i R_i$$

를 가진 포트폴리오 P에 대하여, 다음의 식들이 성립한다.

$(a)\ \beta_{Pj} = \sum_{i=1}^{N} w_i \beta_{ij},$

$(b)\ \varepsilon_P = \sum_{i=1}^{N} w_i \varepsilon_i,$

$$(c) \quad Var\left(\varepsilon_P\right) = \sum_{i=1}^{N} w_i^2 Var\left(\varepsilon_i\right).$$

증 명. 자산 i에 대한 K-요인 모형

$$R_i = E\left(R_i\right) + \sum_{j=1}^{K} \beta_{ij} F_j + \varepsilon_i$$

과 다음과 같은 수익률

$$R_P = \sum_{i=1}^{N} w_i R_i$$

를 가진 포트폴리오 P에 대하여,

$$
\begin{aligned}
R_P &= \sum_{i=1}^{N} w_i R_i \\
&= \sum_{i=1}^{N} w_i \left[E\left(R_i\right) + \sum_{j=1}^{K} \beta_{ij} F_j + \varepsilon_i \right] \\
&= \sum_{i=1}^{N} w_i E\left(R_i\right) + \sum_{j=1}^{K} \sum_{i=1}^{N} w_i \beta_{ij} F_j + \sum_{i=1}^{N} w_i \varepsilon_i \\
&= \sum_{i=1}^{N} w_i E\left(R_i\right) + \sum_{j=1}^{K} \left[\sum_{i=1}^{N} w_i \beta_{ij} \right] F_j + \sum_{i=1}^{N} w_i \varepsilon_i
\end{aligned}
$$

가 되는데, 이를

$$R_P = E\left(R_P\right) + \sum_{j=1}^{K} \beta_{Pj} F_j + \varepsilon_P$$

와 비교하면,

$$E\left(R_P\right) = \sum_{i=1}^{N} w_i E\left(R_i\right),$$

$$\beta_{Pj} = \sum_{i=1}^{N} w_i \beta_{ij},$$

및

$$\varepsilon_P = \sum_{i=1}^{N} w_i \varepsilon_i$$

임을 알 수 있다. 따라서, 또한

$$Var\left(\varepsilon_P\right) = Var\left(\sum_{i=1}^{N} w_i \varepsilon_i\right)$$

$$= \sum_{i=1}^{N} w_i^2 Var\left(\varepsilon_i\right)$$

가 된다. □

정 의 18 (체계적 위험과 비체계적 위험)**.** 자산 i에 대한 K–요인 모형

$$R_i = E\left(R_i\right) + \sum_{j=1}^{K} \beta_{ij} F_j + \varepsilon_i$$

에 대해 양변에 분산을 취하면

$$Var\left(R_i\right) = \sum_{j=1}^{K} \beta_{ij}^2 Var\left(F_j\right) + Var\left(\varepsilon_i\right)$$

가 되는데,

(a) $Var\left(R_i\right)$를 자산 i의 총위험(*total risk*),

(b) $\displaystyle\sum_{j=1}^{K} \beta_{ij}^2 Var\left(F_j\right)$를 자산 i의 체계적 위험(*systematic risk*),

(c) $Var\left(\varepsilon_i\right)$를 자산 i의 비체계적 위험(*unsystematic risk*)
이라 한다.

정   리 11 (위험분산효과). 자산 i에 대한 K–요인 모형

$$R_i = E\left(R_i\right) + \sum_{j=1}^{K} \beta_{ij} F_j + \varepsilon_i$$

과 다음과 같은 수익률

$$R_P = \sum_{i=1}^{N} w_i R_i$$

를 가진 포트폴리오 P에 대하여, 다양한 자산에 투자하여 포트폴리오를 구성할수록 포트폴리오의 총위험 중 비체계적 위험이 점차 감소하여 체계적 위험만 남게 된다.

증   명. 자산 i에 대한 K-요인 모형

$$R_i = E(R_i) + \sum_{j=1}^{K} \beta_{ij} F_j + \varepsilon_i$$

과 다음과 같은 수익률

$$R_P = \sum_{i=1}^{N} w_i R_i$$

를 가진 포트폴리오 P에 대하여, 다양한 자산에 투자하여 포트폴리오를 구성할수록 다음과 같이 개별자산에 대한 투자비중 w_i가 일반적으로 0에 접근하므로, 포트폴리오의 총 위험 중 비체계적 위험은 감소하고 결국 체계적 위험만 남게 된다.

$$\begin{aligned}
\lim_{w_i \to 0} Var(R_P) &= \lim_{w_i \to 0} \left[\sum_{j=1}^{K} \beta_{Pj}^2 Var(F_j) + Var(\varepsilon_P) \right] \\
&= \lim_{w_i \to 0} \left[\sum_{j=1}^{K} \beta_{Pj}^2 Var(F_j) + \sum_{i=1}^{N} w_i^2 Var(\varepsilon_i) \right] \\
&= \sum_{j=1}^{K} \beta_{Pj}^2 Var(F_j).
\end{aligned}$$

$\square$

> **정   리 12.** 자산 i에 대한 K-요인 모형
>
> $$R_i = E(R_i) + \sum_{j=1}^{K} \beta_{ij} F_j + \varepsilon_i$$
>
> 과 무위험자산의 수익률 R_F에 대하여,
>
> (a) $Var(R_F) = 0,$
>
> (b) $\forall j, \beta_{Fj} = 0,$
>
> (c) $Var(\varepsilon_F) = 0,$
>
> (d) $E(R_F) = R_F.$

증   명. 자산 i에 대한 K-요인 모형

$$R_i = E(R_i) + \sum_{j=1}^{K} \beta_{ij} F_j + \varepsilon_i$$

과 무위험자산의 수익률 R_F에 대하여, 정의상 무위험이므로

$$Var(R_F) = 0$$

이고, 따라서

$$\sum_{j=1}^{K} \beta_{Fj}^2 Var\left(F_j\right) + Var(\varepsilon_F) = 0$$

이므로,

$$\forall j, \beta_{Fj} = 0$$

및

$$Var\,(\varepsilon_F) = 0$$

이다. 그리고 물론 불확실성이 없는 무위험자산의 정의상

$$E\,(R_F) = R_F$$

이다. □

5.3 APT

앞서, 추가적인 비용 및 위험의 부담 없이 확실한 수익을 보장하는 거래를 차익거래라 한다고 했는데, 이러한 거래가 가능하도록 구성된 포트폴리오를 *차익거래 포트폴리오(arbitrage portfolio)*라 한다.

정   의 19 (차익거래 포트폴리오). 다음과 같은 수익률

$$R_P = \sum_{i=1}^{N} w_i R_i$$

을 가진 포트폴리오 P에 대하여, P가 다음의 조건을 만족할 때 P를 *차익거래 포트폴리오(arbitrage portfolio)*라 한다.

$$\sum_{i=1}^{N} w_i = 0, \ \ Var\,(R_P) = 0, \ \ \text{및} \ \ E\,(R_P) = R_P > 0.$$

정의상, 차익거래 포트폴리오는 시장균형, 즉 무차익거래조건 하에서는 존재할 수 없다. 따라서, 다음이 성립한다.

따름정리 1. 다음과 같은 수익률

$$R_P = \sum_{i=1}^{N} w_i R_i$$

을 가진 P에 대하여, 시장균형하에서

$$\sum_{i=1}^{N} w_i = 0 \ \text{ 및 } \ Var(R_P) = 0$$

이면,

$$E(R_P) = R_P = 0$$

이다.

증　　명. 다음과 같은 수익률

$$R_P = \sum_{i=1}^{N} w_i R_i$$

을 가진 P에 대하여, 시장균형하에서 차익거래 포트폴리오

는 존재할 수 없다. 따라서,

$$\sum_{i=1}^{N} w_i \neq 0, \ Var(R_P) \neq 0, \ E(R_P) \neq R_P,$$

$$\text{또는 } E(R_P) \leq 0. \tag{5.3}$$

따라서, 만약

$$\sum_{i=1}^{N} w_i = 0 \ \text{및} \ Var(R_P) = 0$$

이면, R_P는 무위험자산의 수익률이므로

$$E(R_P) = R_P$$

가 되고, 식 5.3에 의해,

$$E(R_P) \leq 0$$

가 된다. 여기서, 무위험자산에 투자했는데 평균적으로 손실을 볼 수는 없으므로

$$E(R_P) = 0$$

가 된다. 따라서, 시장균형하에서

$$\sum_{i=1}^{N} w_i = 0 \ \text{및} \ Var(R_P) = 0$$

이면,

$$E(R_P) = R_P = 0$$

가 된다. □

즉, 시장균형하에서는 비용과 위험의 부담 없이는 차익을 얻을 수 없다는 것이다.

> **정   의 20** (요인포트폴리오). 포트폴리오 FP_h에 대한 K-요인 모형
>
> $$R_{FP_h} = E(R_{FP_h}) + \sum_{j=1}^{K} \beta_{FP_h j} F_j + \varepsilon_{FP_h}$$
>
> 에 대하여, 다음 조건이 만족할 때, FP_h를 요인 F_h에 대한 요인포트폴리오(*factor portfolio*)라 한다.
>
> $$\beta_{FP_h j} = \begin{cases} 1, & \text{if } j = h; \\ 0, & \text{if } j \neq h. \end{cases}$$

이제, 현재까지의 논의를 바탕으로 *차익거래가격이론(arbitrage pricing theory)*, 일명 *APT*를 유도해보기로 하자.

> **정   리 13** (APT). 자산 i에 대한 K-요인 모형
>
> $$R_i = E(R_i) + \sum_{j=1}^{K} \beta_{ij} F_j + \varepsilon_i,$$

무위험자산의 수익률 R_F, 및 요인 F_h에 대한 요인포트롤리오 FP_h에 대하여, 시장균형하에서 다음이 성립한다.

$$E(R_i) = R_F + \sum_{j=1}^{K} \left[E\left(R_{FP_j}\right) - R_F \right] \beta_{ij}.$$

증 명. *1 단계.* 자산 i에 대한 K-요인 모형

$$R_i = E(R_i) + \sum_{j=1}^{K} \beta_{ij} F_j + \varepsilon_i,$$

무위험자산의 수익률 R_F, 및 요인 F_h에 대한 요인포트폴리오 FP_h에 대하여, 다음과 같은 수익률

$$R_P = \sum_{i=1}^{N} w_i R_i$$

을 가진 P를 상정하자. 이때, 시장균형하에서

$$\sum_{i=1}^{N} w_i = 0 \ \ 및 \ \ Var(R_P) = 0$$

이라 하면,

$$E(R_P) = R_P = 0$$

가 된다.

2 단계. 우선

$$\sum_{i=1}^{N} w_i = 0$$

이므로,

$$\exists \lambda_0 \ : \ \lambda_0 \sum_{i=1}^{N} w_i = 0. \tag{5.4}$$

3 단계. 다음으로

$$Var(R_P) = 0$$

이므로,

$$\sum_{j=1}^{K} \beta_{Pj}^2 Var\left(F_j\right) + Var(\varepsilon_P) = 0$$

가 되어 다음과 같이 된다.

$$\forall j, \beta_{Pj} = 0 \ \ \text{및} \ \ Var(\varepsilon_P) = 0.$$

즉,

$$\forall j, \sum_{i=1}^{N} w_i \beta_{ij} = 0.$$

따라서, 다음 식이 성립한다.

$$\forall j, \exists \lambda_j \ : \ \lambda_j \sum_{i=1}^{N} w_i \beta_{ij} = 0. \tag{5.5}$$

4 단계. 마지막으로

$$E(R_P) = R_P = 0$$

이므로,

$$\sum_{i=1}^{N} w_i E(R_i) = 0. \tag{5.6}$$

5 단계. 식 5.4와 식 5.5에서,

$$\exists \lambda_0, \lambda_j : \lambda_0 \sum_{i=1}^{N} w_i + \sum_{j=1}^{K} \lambda_j \sum_{i=1}^{N} w_i \beta_{ij} = 0$$

이므로, 다음이 성립한다.

$$\exists \lambda_0, \lambda_j : \sum_{i=1}^{N} w_i \left[\lambda_0 + \sum_{j=1}^{K} \lambda_j \beta_{ij} \right] = 0. \tag{5.7}$$

식 5.6과 식 5.7을 비교해보면,

$$E(R_i) = \lambda_0 + \sum_{j=1}^{K} \lambda_j \beta_{ij}. \tag{5.8}$$

6 단계. 우선

$$Var(R_F) = 0$$

이므로,

$$\sum_{j=1}^{K} \beta_{Fj}^2 Var\left(F_j\right) + Var(\varepsilon_F) = 0$$

가 되어 다음과 같이 된다.

$$\forall j, \beta_{Fj} = 0 \ \text{및} \ Var(\varepsilon_F) = 0.$$

여기서 식 5.8에 R_i 대신 R_F를 대입하면, $\forall j, \beta_{Fj} = 0$이므로,

$$R_F = \lambda_0. \tag{5.9}$$

7 단계. 이제 식 5.8에 R_i 대신 R_{FP_h}를 대입하면, 정의상

$$\beta_{FP_h j} = \begin{cases} 1, & \text{if } j = h; \\ 0, & \text{if } j \neq h \end{cases}$$

이므로,

$$E(R_{FP_h}) = \lambda_0 + \lambda_h$$

가 된다. 여기에 식 5.9를 대입하여 λ_h에 대해 정리하면 다음과 같다.

$$\lambda_h = E(R_{FP_h}) - R_F. \tag{5.10}$$

이제 식 5.8에 식 5.9와 식 5.10을 대입하면 다음과 같이 APT를 구할 수 있다.

$$E(R_i) = R_F + \sum_{j=1}^{K} \left[E\left(R_{FP_j}\right) - R_F \right] \beta_{ij}.$$

$\square$

CAPM과 마찬가지로, APT 또한 과거 자료를 이용하여 β

값을 구해낸 후, 각 요소들에 대한 미래 전망치를 이용하여 특정 자산이나 포트폴리오의 미래 수익률을 예측하는 데에 사용된다.

5.4 APT와 CAPM

이렇게 유도한 APT와 앞 장에서 유도한 CAPM은 매우 유사한 형태를 띠고 있음을 알 수 있다. 이 절에서는 서로 닮은 이 두 모형이 어떤 관계를 가지고 있는지 살펴보기로 한다.

앞서 금융시장의 모든 자산을 그 시장구성비대로 구성한 포트폴리오를 *시장포트폴리오(market portfolio)*라 한다고 했는데, 시장포트폴리오의 수익률을 유일한 공통요소로 하는 **단일요인모형(single factor model)**을 *시장모형(market model)* 이라 한다. 시장모형은 Sharpe(1963)에 의해 개발되었는데, 구체적으로 다음과 같은 형태이다.

정 의 21 (시장모형). 시장포트폴리오의 수익률 R_M과 자산 i의 수익률 R_i에 대하여, *자산 i에 대한 시장모형*은 다음과 같이 정의된다.

$$R_i = a_i + \beta_i R_M + \varepsilon_i$$

단, $\varepsilon_i, \varepsilon_j, R_M$은 독립이고 $E(\varepsilon_i) = 0$이다.

K-요인 모형 대신 시장모형을 가정하면 APT는 다음과 같이 **CAPM**, 즉 *자산가격결정모형(capital asset pricing model)*이 된다.

정　　리 14 (APT와 CAPM). 자산 i에 대한 시장모형

$$R_i = a_i + \beta_i R_M + \varepsilon_i$$

와 무위험자산의 수익률 R_F에 대하여, 시장균형하에서 APT는 다음과 같이 CAPM이 된다.

$$E(R_i) = R_F + [E(R_M) - R_F]\beta_i$$

단,

$$\beta_i = \frac{Cov(R_i, R_M)}{Var(R_M)}.$$

증　　명. 자산 i에 대한 K-요인 모형

$$R_i = E(R_i) + \sum_{j=1}^{K} \beta_{ij} F_j + \varepsilon_i,$$

무위험자산의 수익률 R_F, 및 요인 F_h에 대한 요인포트폴리오 FP_h에 대하여, 시장균형하에서 다음이 성립한다.

$$E(R_i) = R_F + \sum_{j=1}^{K} \left[E\left(R_{FP_j}\right) - R_F \right] \beta_{ij}.$$

시장모형

$$R_i = a_i + \beta_i R_M + \varepsilon_i \tag{5.11}$$

을 가정해 보자. 양변에 기대값을 취하면,

$$E(R_i) = a_i + \beta_i E(R_M) \tag{5.12}$$

가 되는데, 식 5.11에서 식 5.12를 빼면, 다음과 같이 된다.

$$R_i = E(R_i) + \beta_i [R_M - E(R_M)] + \varepsilon_i.$$

따라서, 이는 자산 i에 대한 K-요인 모형에서 공통요인이 R_M 하나 뿐인 경우이다. 따라서, APT는 다음과 같이 CAPM이 된다.

$$E(R_i) = R_F + [E(R_M) - R_F]\beta_i$$

단,

$$\begin{aligned}
Cov(R_i, R_M) &= Cov(a_i + \beta_i R_M + \varepsilon_i, R_M) \\
&= Cov(a_i, R_M) + \beta_i Cov(R_M, R_M) + Cov(\varepsilon_i, R_M) \\
&= \beta_i Var(R_M)
\end{aligned}$$

이므로,

$$\beta_i = \frac{Cov(R_i, R_M)}{Var(R_M)}.$$

$\square$

아래의 사항들은 기본적으로 K-요인 모형에 대해 이미

성립함을 보인 것들이지만, 구체적으로 시장모형에 대해서
는 어떻게 달라지는지 다시 살펴보기로 하자.

정   리 15. 자산 i에 대한 시장모형

$$R_i = a_i + \beta_i R_M + \varepsilon_i$$

과 다음과 같은 수익률

$$R_P = \sum_{i=1}^{N} w_i R_i$$

를 가진 포트폴리오 P에 대하여, 다음의 식들이 성립한
다.

(a) $a_P = \sum_{i=1}^{N} w_i a_i,$

(b) $\beta_P = \sum_{i=1}^{N} w_i \beta_i,$

(c) $\varepsilon_P = \sum_{i=1}^{N} w_i \varepsilon_i,$

(d) $Var(\varepsilon_P) = \sum_{i=1}^{N} w_i^2 Var(\varepsilon_i).$

증   명. 자산 i에 대한 시장모형

$$R_i = a_i + \beta_i R_M + \varepsilon_i$$

과 다음과 같은 수익률

$$R_P = \sum_{i=1}^{N} w_i R_i$$

를 가진 포트폴리오 P에 대하여,

$$
\begin{aligned}
R_P &= \sum_{i=1}^{N} w_i R_i \\
&= \sum_{i=1}^{N} w_i \left[a_i + \beta_i R_M + \varepsilon_i \right] \\
&= \sum_{i=1}^{N} w_i a_i + \sum_{i=1}^{N} w_i \beta_i R_M + \sum_{i=1}^{N} w_i \varepsilon_i \\
&= \sum_{i=1}^{N} w_i a_i + \left[\sum_{i=1}^{N} w_i \beta_i \right] R_M + \sum_{i=1}^{N} w_i \varepsilon_i
\end{aligned}
$$

가 되는데, 이를

$$R_P = a_P + \beta_P R_M + \varepsilon_P$$

와 비교하면,

$$a_P = \sum_{i=1}^{N} w_i a_i, \; \beta_P = \sum_{i=1}^{N} w_i \beta_i, \; \text{및} \; \varepsilon_P = \sum_{i=1}^{N} w_i \varepsilon_i$$

임을 알 수 있다. 따라서, 또한

$$Var(\varepsilon_P) = Var\left(\sum_{i=1}^{N} w_i \varepsilon_i\right)$$

$$= \sum_{i=1}^{N} w_i^2 Var(\varepsilon_i)$$

가 된다. □

정   의 22 (체계적 위험과 비체계적 위험). 자산 i에 대한 시장모형

$$R_i = a_i + \beta_i R_M + \varepsilon_i$$

에 대해 양변에 분산을 취하면

$$Var(R_i) = \beta_i^2 Var(R_M) + Var(\varepsilon_i)$$

가 되는데,

(a) $Var(R_i)$를 *자산 i의 총위험(total risk)*,

(b) $\beta_i^2 Var(R_M)$를 *자산 i의 체계적 위험(systematic risk)*,

(c) $Var(\varepsilon_i)$를 *자산 i의 비체계적 위험(unsystematic risk)* 이라 한다.

정   리 16 (위험분산효과). 자산 i에 대한 시장모형

$$R_i = a_i + \beta_i R_M + \varepsilon_i$$

과 다음과 같은 수익률

$$R_P = \sum_{i=1}^{N} w_i R_i$$

를 가진 포트폴리오 P에 대하여, 다양한 자산에 투자하여 포트폴리오를 구성할수록 포트폴리오의 총위험 중 비체계적 위험이 점차 감소하여 체계적 위험만 남게 된다.

증   명. 자산 i에 대한 시장모형

$$R_i = a_i + \beta_i R_M + \varepsilon_i$$

과 다음과 같은 수익률

$$R_P = \sum_{i=1}^{N} w_i R_i$$

를 가진 포트폴리오 P에 대하여, 다양한 자산에 투자하여 포트폴리오를 구성할수록 다음과 같이 개별자산에 대한 투자비중 w_i가 일반적으로 0에 접근하므로, 포트폴리오의 총위험 중 비체계적 위험은 감소하고 결국 체계적 위험만 남게 된다.

$$\lim_{w_i \to 0} Var(R_P) = \lim_{w_i \to 0} \left[\beta_P^2 Var(R_M) + Var(\varepsilon_P) \right]$$

$$= \lim_{w_i \to 0} \left[\beta_P^2 Var(R_M) + \sum_{i=1}^{N} w_i^2 Var(\varepsilon_i) \right]$$

$$= \beta_P^2 Var(R_M).$$

$\square$

정   리 17. 자산 i에 대한 시장모형

$$R_i = a_i + \beta_i R_M + \varepsilon_i$$

과 무위험자산의 수익률 R_F에 대하여,

(a) $Var(R_F) = 0,$

(b) $\beta_F = 0,$

(c) $Var(\varepsilon_F) = 0,$

(d) $E(R_F) = R_F.$

증   명. 자산 i에 대한 시장모형

$$R_i = a_i + \beta_i R_M + \varepsilon_i$$

과 무위험자산의 수익률 R_F에 대하여, 정의상 무위험이므로

$$Var(R_F) = 0$$

이고, 따라서

$$\beta_F^2 Var(R_M) + Var(\varepsilon_F) = 0$$

이므로,

$$\beta_F = 0$$

및

$$Var(\varepsilon_F) = 0$$

이다. 그리고 물론 불확실성이 없는 무위험자산의 정의상

$$E(R_F) = R_F$$

이다. □

제 6 장

선도와 선물

선도(선물), 옵션, 스왑으로 대표되는 파생상품(financial derivative)은 특정 자산을 사거나 팔 의무나 권리를 상품화한 것으로, 현대 금융산업에서 매우 큰 역할을 하고 있다. 이 장과 다음 장에서는 이들 중 선도(선물)와 옵션을 중심으로 파생상품의 기능과 역할, 그 가치평가방법 등에 대해 살펴보기로 한다.

6.1　선물시장의 이해

겨울이 지나고 봄이 왔다. 가을에 추수를 해서 쌀이 완전히 생산된 후에 쌀을 매매하는 것은, 쌀농사를 짓는 농부의 입장에서나 쌀을 유통하는 쌀도매상의 입장에서 모두 불안한 일이다. 가을에 쌀값이 어떻게 형성될지 모르기 때문이다. 따라서, 농부들과 쌀도매상들은 가을에 사고팔 쌀의 양과 가격을 봄에 미리 정해버리는 계약을 종종 체결하는데, 이를 입도선매(立稻先賣)라 한다. 서 있는 벼를 미리 판다는 의미이다.

입도선매와 같이, 특정 자산을 특정시기에 특정가격으로 사고팔기로 약정하는 계약을 *선도계약(forward contract)* 또는 *선도(forward)*라 한다. 이때, 특정 자산을 *기초자산(underlying asset)*, 특정시기를 *만기(maturity, expiry)*, 특정가격을 *선도가격(forward price)*이라 한다. 이때, 기초자산의 시장가격을 *현물가격(spot price)*이라 한다.

선도계약의 양당사자들은 상호 간에 계약을 이행할 의무*(obligation)*를 지게 되는데, 문제는 이 의무의 이행을 강제할 장치가 없다는 것이다. 선도계약 자체가 당사자들 간의 사적인 계약이기 때문에, 소송을 통한 법정문제로 비화될 수는 있지만, 의무이행을 강제할 수 있는 기타의 장치는 전무하다고 할 수 있다. 이러한 점을 보완하기 위해 당사자들 사이에 거래소라는 공식적인 조직이 개입하는 선도계약을 *선물계약(futures contract)* 또는 *선물(futures)*이라 한다. 당연히 이때의 계약가격을 *선물가격(futures price)*이라 한다.

선물시장에서는 계약불이행사태를 막기 위해, 증거금제도와 일일정산제도를 두고 있다.

예를 들어, 5월 16일, 6월물 금선물 2계약을 ₩20,000/g의 가격에 매수(long)[1]하였다. 이때, 1계약은 1kg이고, 개시증거

---

1) 투자론에서는 자산을 매수(buy)하는 것을 long position을 취한다고 하고, 자산을 매도(sell)하는 것을 short position을 취한다고 한다. Long position을 취한다는 것은 소유권이 이미 넘어왔다는 의미이다. 따라서, 기초자산을 매수할 선도나 선물계약을 맺었다면, 이는 미리 정해진 선도가격이나 선물가격으로 해당 기초자산의 소유권이 넘어온 것이나 마찬가지이므로 long position을 취하고 있다고 할 수 있다. 반대로, 기초자산을 매도할 선도나 선물계약을 맺었다면 소유권이 이미 넘어간 것이나 마찬가지이므로 short position을 취하고 있다고 할 수 있다. 채

금(initial margin)은 계약금액의 5%, 유지증거금(maintenance margin)은 기초증거금의 75%라 가정하자. 이 경우, 일일정산(daily settlement)은 다음과 같이 이루어진다.

날짜	사건	현물가격	손익	증거금계좌
5월 16일	2계약매수	₩20,000/g		₩2,000,000 $(= ₩20,000 \times 1,000 \times 2 \times 5\%)$
5월 17일	가격변동	₩20,100/g	₩200,000 $(= ₩100 \times 1,000 \times 2)$	₩2,200,000 $(= ₩2,000,000 + ₩200,000)$
5월 18일	가격변동	₩20,300/g	₩400,000 $(= ₩200 \times 1,000 \times 2)$	₩2,600,000 $(= ₩2,200,000 + ₩400,000)$
5월 19일	가격변동 마진콜	₩19,500/g	−₩1,600,000 $(= -₩800 \times 1,000 \times 2)$	₩1,000,000 $(= ₩2,600,000 - ₩1,600,000)$ ₩2,000,000
5월 20일	가격변동 마진콜	₩19,000/g	−₩1,000,000 $(= -₩500 \times 1,000 \times 2)$	₩1,000,000 $(= ₩2,000,000 - ₩1,000,000)$ ₩2,000,000
5월 23일	가격변동	₩20,000/g	₩2,000,000 $(= ₩1,000 \times 1,000 \times 2)$	₩4,000,000 $(= ₩2,000,000 + ₩2,000,000)$
5월 24일	가격변동 반대거래	₩20,500/g	₩1,000,000 $(= ₩500 \times 1,000 \times 2)$	₩5,000,000 $(= ₩4,000,000 + ₩1,000,000)$ ₩0
순이익		$5,000,000 - 2,000,000 - 1,000,000 - 1,000,000 = (20,500 - 20,000) \times 1,000 \times 2$ $= ₩1,000,000$		

　　또 다른 예로, 5월 16일에 6월물 KOSPI200선물 1계약을 200포인트(point)에 매수(long)하였다. 단, 이 경우, 1포인트는 ₩500,000이며, 개시증거금(initial margin)은 계약금액의 15%로 ₩15,000,000$(= 200 \times 500,000 \times 0.15)$, 유지증거금

권을 들고 있거나 일정 금액을 적금해 둔 경우에도, 그 금액을 현재 보유하고 있진 않지만 그 금액에 대한 소유권은 본인에게 있으므로 long position을 취하고 있는 것이며, 반대로 채권을 발행하였거나, 일정 금액을 대출받아서 가지고 있는 경우에는 비록 그 금액을 보유하고 있다고 하더라도 그 금액에 대한 소유권은 본인에게 있지 않으므로 short position을 취하고 있는 것이다.

(maintenance margin)은 개시증거금의 75%로 ₩11,125,000(= 15,000,000 × 0.75)라 가정하자. 이때, 일일정산(daily settlement)은 다음과 같이 이루어진다.

날짜	사건	KOSPI200	손익	증거금계좌
5월 16일	1계약매수	200		₩15,000,000 (= 200 × ₩500,000 × 15%)
5월 17일	가격변동	230	₩15,000,000 (= (230 − 200) × ₩500,000)	₩30,000,000 (= ₩15,000,000 + ₩15,000,000)
5월 18일	가격변동	195	−₩17,500,000 (= (195 − 230) × ₩500,000)	₩12,500,000 (= ₩30,000,000 − ₩17,500,000)
5월 19일	가격변동	190	−₩2,500,000 (= (190 − 195) × ₩500,000)	₩10,000,000 (= ₩12,500,000 − ₩2,500,000)
	마진콜			₩15,000,000
5월 20일	가격변동	210	₩10,000,000 (= (210 − 190) × ₩500,000)	₩25,000,000 (= ₩15,000,000 + ₩10,000,000)
	반대거래			₩0
순이익		25,000,000 − 15,000,000 − 5,000,000 = (210 − 200) × 500,000 = ₩5,000,000		

6.2   선물가격의 결정

다음 장에서 다룰 옵션의 경우와 마찬가지로, 선물이나 선도계약은 일반적으로 당사자 간 일대일 계약에 의해 장외에서 성립되는 경우가 많기 때문에, 이러한 경우 수요와 공급이 성립하지 않아 시장가격을 관찰할 수 없다. 이 때문에 계약 당시에 어떤 가격으로 계약을 해야 할지가 문제가 되는데, 이러한 문제를 해소하기 위해 이들에 대한 가격결정모형들이 개발되었다. 선물과 선도의 가격결정은 무차익거래조건을 이용하여 다음과 같이 결정된다.

정   리 18. 현재의 현물가격을 S_0, 해당 현물에 대한 선물의 선물가격을 F_0, 선물의 만기를 T개월 후, 연이자율을 r이라 하면, 시장균형하에서

$$F_0 = S_0\left(1 + r \cdot \frac{T}{12}\right).$$

증   명. *1 단계.* 만약

$$F_0 > S_0\left(1 + r \cdot \frac{T}{12}\right)$$

이라면, 다음과 같은 차익거래가 발생한다.

현재	현금흐름
선물 1계약 매도	0
S_0만큼 차입, 현물 1단위 매수	$S_0 - S_0$
만기	
선물계약이행	F_0
채무이행	$-S_0\left(1 + r \cdot \frac{T}{12}\right)$
차익	$F_0 - S_0\left(1 + r \cdot \frac{T}{12}\right) > 0$

따라서, 이러한 차익거래가 계속되면, 선물가격은 내리고, 현물가격은 오르게 되어 등식으로 복귀된다.

　2 단계. 만약

$$F_0 < S_0\left(1 + r \cdot \frac{T}{12}\right)$$

이라면, 다음과 같은 차익거래가 발생한다.

현재	현금흐름
선물 1계약 매수	0
현물 1단위 공매도, S_0만큼 예금	$S_0 - S_0$

만기	
선물계약이행	$-F_0$
채권이행	$S_0\left(1 + r \cdot \frac{T}{12}\right)$
차익	$S_0\left(1 + r \cdot \frac{T}{12}\right) - F_0 > 0$

따라서, 이러한 차익거래[2]가 계속되면, 선물가격은 오르고, 현물가격은 내리게 되어 등식으로 복귀된다.

$$\therefore\ F_0 = S_0\left(1 + r \cdot \frac{T}{12}\right).$$

$\square$

정   리 19. 현재의 현물가격을 S_0, 연배당률을 d, 해당 현물에 대한 선물의 선물가격을 F_0, 선물의 만기를 T 개월 후, 연이자율을 r이라 하면, 시장균형하에서

$$F_0 = S_0\left[1 + (r - d)\frac{T}{12}\right].$$

---

2) 보유하고 있지 않은 것을 매도하는 것을 공매도(short sale, short selling)라 한다. 자산을 빌려와서 매도하고 나중에 같은 자산을 되사서 빌려온 사람에게 갚는 것을 말한다.

증   명. *1 단계.* 만약

$$F_0 > S_0\left[1 + (r-d)\frac{T}{12}\right]$$

이라면, 다음과 같은 차익거래가 발생한다.

현재	현금흐름
선물 1계약 매도	0
S_0만큼 차입, 현물 1단위 매수	$S_0 - S_0$
만기	
선물계약이행	F_0
채무이행	$-S_0\left(1 + r\cdot\frac{T}{12}\right)$
배당이익	$S_0 \cdot d \cdot \frac{T}{12}$
차익	$F_0 - S_0\left[1 + (r-d)\frac{T}{12}\right] > 0$

따라서, 이러한 차익거래가 계속되면, 선물가격은 내리고, 현물가격은 오르게 되어 등식으로 복귀된다.

　2 단계. 만약

$$F_0 < S_0\left[1 + (r-d)\frac{T}{12}\right]$$

이라면, 다음과 같은 차익거래가 발생한다.

현재	현금흐름
선물 1계약 매수	0
현물 1단위 공매도, S_0만큼 예금	$S_0 - S_0$

만기	
선물계약이행	$-F_0$
채권이행	$S_0\left(1 + r \cdot \frac{T}{12}\right)$
배당손실	$-S_0 \cdot d \cdot \frac{T}{12}$
차익	$S_0\left[1 + (r-d)\frac{T}{12}\right] - F_0 > 0$

따라서, 이러한 차익거래가 계속되면, 선물가격은 오르고, 현물가격은 내리게 되어 등식으로 복귀된다.

$$\therefore \ F_0 = S_0\left[1 + (r-d)\frac{T}{12}\right].$$

□

정   리 20. 현재의 현물가격을 S_0, 연비용률을 d, 해당 현물에 대한 선물의 선물가격을 F_0, 선물의 만기를 T 개월 후, 연이자율을 r이라 하면, 시장균형하에서

$$F_0 = S_0\left[1 + (r+c)\frac{T}{12}\right].$$

증   명. *1 단계.* 만약

$$F_0 > S_0\left[1 + (r + c)\frac{T}{12}\right]$$

이라면, 다음과 같은 차익거래가 발생한다.

현재	현금흐름
선물 1계약 매도	0
S_0만큼 차입, 현물 1단위 매수	$S_0 - S_0$
만기	
선물계약이행	F_0
채무이행	$-S_0\left(1 + r \cdot \frac{T}{12}\right)$
비용손실	$-S_0 \cdot c \cdot \frac{T}{12}$
차익	$F_0 - S_0\left[1 + (r + c)\frac{T}{12}\right] > 0$

따라서, 이러한 차익거래가 계속되면, 선물가격은 내리고, 현물가격은 오르게 되어 등식으로 복귀된다.

2 단계. 만약

$$F_0 < S_0\left[1 + (r + c)\frac{T}{12}\right]$$

이라면, 다음과 같은 차익거래가 발생한다.

현재	현금흐름
선물 1계약 매수	0
현물 1단위 공매도, S_0만큼 예금	$S_0 - S_0$

만기	
선물계약이행	$-F_0$
채권이행	$S_0\left(1 + r \cdot \frac{T}{12}\right)$
비용이익	$S_0 \cdot c \cdot \frac{T}{12}$
차익	$S_0\left[1 + (r+c)\frac{T}{12}\right] - F_0 > 0$

따라서, 이러한 차익거래가 계속되면, 선물가격은 오르고, 현물가격은 내리게 되어 등식으로 복귀된다.

$$\therefore F_0 = S_0\left[1 + (r+c)\frac{T}{12}\right].$$

□

예   시 3. 밀의 현물가격은 부셸당 ₩3,000이고 연간 이자율은 10%이다. 밀의 창고보관료는 연간 부셸당 현물가격의 2%수준이고 만기가 1개월 후인 밀선물의 부셸당 가격이 ₩3,100이다. 단, 선물 1계약당 밀 1부셸을 커버한다.

(1) 밀 선물의 이론적 가격을 산정하시오.

(2) 현물가격과 선물가격이 고평가되었는지 저평가되었는지 약술하시오.

(3) 이를 기반으로 현물 1부셸과 선물 1계약을 기준으로 차익거래를 구성하고 1개월 후 차익이 얼마인지 수학적으로 보이시오.

(4) 이러한 차익거래가 계속될 경우 현물가격과 선물가격에 어떠한 변화가 생기는지 약술하시오.

풀 이. **(1)** 밀 선물의 이론적 가격은 부셸당 다음과 같다.

$$F_0 = ₩3,000 \times \left[1 + (0.1 + 0.02) \times \frac{1}{12} \right]$$
$$= ₩3,030.$$

(2) 즉,

$$₩3,100 > ₩3,000 \times \left[1 + (0.1 + 0.02) \times \frac{1}{12} \right]$$

이므로, 선물가격은 시장에서 고평가되었고, 현물가격은 시장에서 저평가되었다고 할 수 있다.

(3) 고평가된 선물을 매도하고 저평가된 현물을 은행차입을 통해 매수함으로써 다음과 같이 차익거래를 구성할 수 있다.

현재	현금흐름
선물 1계약 매도	₩0
은행차입을 통해 현물 1단위 매수	₩3,000 − ₩3,000 = ₩0
만기	
선물계약이행	₩3,100
채무이행	$-₩3,000 \times \left(1 + 0.1 \times \frac{1}{12}\right) = -₩3,025$
비용손실	$-₩3,000 \times 0.02 \times \frac{1}{12} = -₩5$
차익	₩70

(4) 이러한 차익거래가 계속되면, 선물은 계속 매도하게 되어 선물의 공급이 증가하므로 선물가격은 내리고, 현물은 계속 매수하게 되어 현물의 수요가 증가하므로 현물가격은 오르게 되어, 부등식이 등식으로 복귀된다. □

6.3 선도와 선물을 이용한 세 종류의 투자전략

선도와 선물을 이용하면, 다음과 같이 세 종류의 투자전략을 구사할 수 있다. 투자자 A가 보유한 현물 S를 미래 특정시점 T에 매도하고자 할 경우, 투자자는 현물의 미래가격 S_T가 불확실하기 때문에 가격변동위험에 직면하게 되는데, 선도나 선물을 이용하여 그 특정시점 T에 자신이 보유한 현물 S를 특정가격 F_0에 투자자 B에게 매도할 계약을 맺으면, 투자자는 현물의 가격변동위험을 제거할 수 있다. 이와 같이, 파생상품을 이용하여 보유한 현물의 가격변동위험을 제거하거나 줄이는 거래를 *헷징거래(hedging trade)*라 한다.

투자자 B는 T시점에서 S를 F_0의 가격으로 투자자 A로부터 매수하게 된다. 이때, $S_T > F_0$이면, 시세보다 싼 값 F_0로 S를 매입하여 이를 시장에 되팔아 S_T만큼 값을 받을 수 있으므로, $S_T - F_0$만큼 이익을 보게 된다. 하지만 $S_T \leq F_0$이면, 시세보다 비싼 값에 사게 되므로, $S_T - F_0$만큼 손해를 보게 된다. 이때, 투자자 A와 B 사이의 계약이 선도계약이면, 투자자 B 입장에서는 아무런 초기투자금이 들지 않으므로,

$$R = \frac{S_T - F_0}{0} = \begin{cases} +\infty, & \text{if } S_T > F_0; \\ 0 & \text{if } S_T = F_0; \\ -\infty, & \text{if } S_T < F_0 \end{cases}$$

의 극단적인 수익률을 기대할 수 있다. 선물계약이라고 하더라도, 계약금액의 15%만 초기투자하면 되기 때문에, 현물에 바로 투자(현물매수)하는 것보다 극단적인 수익률을 기대할 수 있다. 이처럼 고위험을 부담하면서 고수익을 노리는 거래를 *투기거래(speculation trade)*라 한다.

추가적인 비용이나 위험의 부담 없이 확실한 이익을 얻는 거래를 차익거래라 하고, 이때의 이익을 *차익(arbitrage profit)*이라 한다. 시장균형상태와 무차익거래상태는 동일한 상태이다. 시장균형이 깨어져서 특정 변수들 간의 등식관계 혹은 부등식관계가 깨어질 경우, 차익거래의 기회(arbitrage opportunity)가 발생한다. 자금차입과 함께, 고평가된 자산을 매도하고(비싸게 팔고), 저평가된 자산을 매수(싸게 사고) 함으로써 *차익거래(arbitrage trade)*를 할 수 있다. 차익거래

가 계속될 경우 변수들 간의 등식관계 혹은 부등식관계가 회복되고 차익거래의 기회가 사라져 시장균형이 회복된다. 앞서 선물과 선도의 가격결정을 위해 차익거래가 이용된 바 있다.

선도와 선물은 앞서 살펴본 세 종류의 거래(투자전략)를 통해 다음과 같은 경제적인 기능을 가지며, 이것이 선도와 선물의 존재 이유이다.

> (a) **위험 전가를 통한 헷징기회 제공** : 헷징을 주된 목적으로 하는 헷징거래자(hedger)는 자신이 부담할 위험을 투기거래자(speculator)에게 전가함으로써, 가격변동위험을 회피할 수 있다.
>
> (b) **위험 인수를 통한 투기기회 제공** : 투기거래자는 헷징거래자로부터 위험을 떠맡는 대신 그에 상응하는 고수익을 노릴 수 있는 투기의 기회를 제공받는다.
>
> (c) **차익거래를 통한 시장균형 회복기능** : 시장균형이 깨어져 있을 경우, 차익거래는 관련 자산들 간의 차익거래를 통해 시장이 균형으로 회복될 수 있도록 한다.

6.4   최적 헷지비율

지금까지 선도나 선물로 현물의 가격변동위험을 헷지하려고 할 때, 헷징대상이 되는 현물의 인도시기가 선도나 선물의 만기와 일치한다고 가정해서 논의를 진행하였다. 선도의 경우에는 개별적인 계약이기 때문에 이러한 논리가 그대로 성립할 수 있지만, 거래소에서 표준화되어 거래되는 선물의 경우에는, 반드시 이들이 일치한다는 보장이 없다. 이러한 경우에 헷징을 위해 선물계약을 얼마나 체결해야 하는지가 문제가 되는데, 이러한 논의를 위해 등장하는 개념이 바로 헷지비율이다.

정　　의 23 (헷지비율). 현물 S 및 S를 기초자산으로 하는 선물계약 F에 대해, 투자자가 보유한 S의 가격변동위험을 F로 헷지하고자 할 때,

$$h := \frac{F\text{로 헷지하는 }S\text{의 가치}}{S\text{의 총가치}}$$

를 **헷지비율**(*hedge ratio*)이라 한다.

따름정리 2. 현재의 가격이 각각 S_0 및 F_0이고, 미래의 가격이 각각 S_1 및 F_1인 현물 S와 1계약당 Q_F개의 S를 커버하는 선물 F에 대해, N_S개의 S에 매수포지션(long position)을, N_F개의 F에 매도포지션(short position)을 취한 포트폴리오 P의 현재가치를 P_0, 미래가치를 P_1, 그

차이를 $\Delta P = P_1 - P_0$이라 하고, 헷지비율을 h라 할 때,

$$h = \frac{F\text{로 헷지하는 }S\text{의 가치}}{S\text{의 총가치}}$$

$$= \frac{N_F Q_F S}{N_S S} = \frac{N_F Q_F}{N_S}.$$

정   의 24 (최적 헷지비율). 현재의 가격이 각각 S_0 및 F_0이고, 미래의 가격이 각각 S_1 및 F_1인 현물 S와 1계약당 Q_F개의 S를 커버하는 선물 F에 대해, N_S개의 S에 매수포지션(long position)을, N_F개의 F에 매도포지션(short position)을 취한 포트폴리오 P의 현재가치를 P_0, 미래가치를 P_1, 그 차이를 $\Delta P = P_1 - P_0$이라 하고, 헷지비율을 h라 할 때,

$$h^* = \arg\min_h Var\,(\Delta P)$$

를 **최소분산 헷지비율**(*the minimum variance hedge ratio*) 또는 **최적 헷지비율**(*the optimal hedge ratio*)이라 한다.

최적헷지비율은 다음과 같이 세 가지 형태로 적을 수 있고, 따라서 그 경제적 의미도 다음과 같이 세 가지로 해석할 수 있다.

$$h^* = \arg\min_h Var\,(\Delta P)$$

$$(\textit{미래수익의 변동성을 최소화하는 헷지비율})$$

$$= \arg\min_h Var\,(P_1 - P_0) = \arg\min_h Var\,(P_1)$$

$$(\textit{미래가격의 불확실성(가격변동위험)을 최소화하는}$$

$$\textit{헷지비율})$$

$$= \arg\min_h P_0^2\,Var\left(\frac{P_1 - P_0}{P_0}\right) = \arg\min_h Var\left(\frac{P_1 - P_0}{P_0}\right)$$

$$(\textit{포트폴리오의 위험을 최소화하는 헷지비율}).$$

정   리 21. 현물가격을 S, 선도가격을 G, 선물가격을 F, 선도 1계약이 커버하는 현물수량을 Q_G, 선물 1계약이 커버하는 현물수량을 Q_F, 미래 특정시점의 현물인도(매도)수량을 N_S, 선도계약 갯수를 N_G, 선물계약의 갯수를 N_F라 하고, h_G를 선도계약의 헷지비율, h_F를 선물계약의 헷지비율, 아랫첨자 0을 현재시점, 아랫첨자 1을 미래 특정시점이라 하자. 단, 선도의 만기는 미래 특정시점과 일치하지만 선물의 만기는 미래 특정시점 이후이다.

(a) 선도계약으로 가격변동위험을 헷지하는 경우,

$$h_G^* = 1,$$

(b) 선물계약으로 가격변동위험을 헷지하는 경우,

$$h_F^* = \frac{Cov\,(S_1, F_1)}{Var\,(F_1)}.$$

증   명. (a) 선도계약으로 가격변동위험을 헷지하는 경우,

$$h_G = \frac{N_G Q_G S}{N_S S} = \frac{N_G Q_G}{N_S}$$

이므로,

$$N_G = h_G \frac{N_S}{Q_G}$$

가 된다. 이때, long $N_S S$와 short $N_G G$로 구성된 우리의 헷징 포트폴리오를 P_G, $\Delta P_G = P_{G1} - P_{G0}$라 하면,

$$\begin{aligned}
\Delta P_G &= N_S\,(S_1 - S_0) - N_G Q_G\,(S_1 - G_0)\\
&= (N_S - N_G Q_G)\,S_1 - N_S S_0 + N_G Q_G G_0\\
&= (N_S - h_G N_S)\,S_1 - N_S S_0 + h_G N_S G_0
\end{aligned}$$

이므로,

$$Var\,(\Delta P_G) = (N_S - h_G N_S)^2\,Var\,(S_1)$$

가 된다. 이 헷징포트폴리오의 분산(variance)이 최소화되는 헷지비율을 h_G^*라 하면,

$$\left. \frac{\partial Var\,(\Delta P_G)}{\partial h_G} \right|_{h_G = h_G^*} = 0$$

이므로,

$$(1 - h_G^*) \, N_S^2 \, Var(S_1) = 0.$$

여기서,

$$N_S^2 \, Var(S_1) > 0$$

이므로,

$$h_G^* = 1.$$

(b) 선물계약으로 가격변동위험을 헷지하는 경우,

$$h_F = \frac{N_F Q_F S}{N_S S} = \frac{N_F Q_F}{N_S}$$

이므로,

$$N_F = h_F \frac{N_S}{Q_F}$$

가 된다. 이때, long $N_S S$와 short $N_F F$로 구성된 우리의 헷징 포트폴리오를 P_F, $\Delta P_F = P_{F1} - P_{F0}$라 하면,

$$\Delta P_F = N_S (S_1 - S_0) - N_F Q_F (F_1 - F_0)$$
$$= N_S (S_1 - S_0) - h_F N_S (F_1 - F_0)$$

이므로,

$$Var(\Delta P_F) = N_S^2 \, Var(S_1) + h_F^2 N_S^2 \, Var(F_1) - 2h_F N_S^2 \, Cov(S_1, F_1)$$

가 된다. 이 헷징포트폴리오의 분산(variance)이 최소화되는

헷지비율을 h_F^*라 하면,

$$\left. \frac{\partial Var\,(\Delta P_F)}{\partial h_F} \right|_{h_F = h_F^*} = 0$$

이므로,

$$2h_F^* N_S^2 Var\,(F_1) = 2N_S^2 Cov\,(S_1, F_1)\,.$$

$$\therefore\ h_F^* = \frac{Cov\,(S_1, F_1)}{Var\,(F_1)}\,.$$

$\square$

주   의 1. 만기가 T인 선물의 t시점에서의 가격은

$$F_t = S_t \left[1 + r \cdot \frac{(T - t)}{12} \right]$$

이므로,

$$F_T = S_T \left[1 + r \cdot \frac{(T - T)}{12} \right] = S_T$$

가 되어 만기 시점에서는 현물가격과 선물가격이 같아
진다.

  선물의 만기가 미래의 특정시점과 일치한다면,

$$S_1 = F_1$$

이므로,

$$h_F^* = \frac{Cov\,(S_1, F_1)}{Var\,(F_1)} = \frac{Cov\,(F_1, F_1)}{Var\,(F_1)} = \frac{Var\,(F_1)}{Var\,(F_1)} = 1.$$

주   의 2. 각각의 경우, 헷징포트폴리오의 분산을 살펴보면,

(a) 선도계약으로 가격변동위험을 헷지하는 경우,

$$h_G^* = 1$$

이므로,

$$Var(\Delta P_G) = (N_S - h_G^* N_S)^2 \, Var(S_1) = 0,$$

(b) 선물계약으로 가격변동위험을 헷지하는 경우, 선물의 만기가 미래의 특정시점과 일치한다면,

$$S_1 = F_1 \ \text{및} \ h_F^* = 1$$

이므로,

$$Var(\Delta P_F) = N_S^2 Var(S_1) + h_F^{*2} N_S^2 Var(F_1)$$
$$- 2h_F^* N_S^2 Cov(S_1, F_1)$$
$$= 0.$$

즉, 선물의 만기가 기초자산 현물의 인도시점과 일치한다면 가격변동위험을 완전히 제거할 수 있음을 알 수 있다.

제 7 장

옵션

앞 장에서는 선도와 선물에 대해 살펴보았는데, 선도와 선물은 기초자산을 사거나 팔 "의무"를 상품화한 것이었다. 이 장에서는 기초자산을 사거나 팔 "권리"를 상품화한 옵션의 기능과 역할, 그 가치평가방법 등에 대해 살펴보기로 한다.

7.1 옵션의 이해

어떤 자산에 대해서, 그 자산을 미리 결정된 가격에 미리 결정된 시기에 사거나 팔 수 있는 *권리(right)*를 *옵션(option)*이라 한다. 이때의 자산을 *기초자산(underlying asset)*이라 하고, 미리 결정된 시기를 *만기(maturity, expiry)*라 하며, 미리 결정된 가격을 *행사가격(striking price, exercise price)*이라 한다. 이때, 기초자산을 살 수 있는 권리를 *콜옵션(call option)*, 팔 수 있는 권리를 *풋옵션(put option)*이라 한다.

옵션은 아무나 발행할 수 있는데, 이때 *발행자(issuer)*는 해당 옵션을 구매한 소유자(*holder*)의 권리이행의사에 따를 의무(obligation)를 갖는다. 권리와 의무의 가장 큰 차이점은, 권리는 마음대로 포기할 수 있으나, 의무는 그렇지 못하다는 것이다. 즉, 옵션 소유자는 만기의 경제상황에 따라 자신이 행사할 수 있는 권리를 포기할 수도, 행사할 수도 있지만, 발행자는 소유자의 의사에 따라야 하는 의무를 지게 된다. 이에 대한 대가로, 옵션의 소유자가 발행자에게 주는, 옵션의 가격을 옵션 프리미엄(*option premium*)이라 한다.

7.2 옵션을 이용한 세 가지 투자전략

옵션 소유자는 프리미엄을 지급한 대가로 그에 상응하는 권리를 갖게 되고, 옵션 발행자는 소유자가 옵션의 행사 권리를 포기할 경우, 처음에 받은 옵션 프리미엄이 온전히 자신의 이익이 되는 거래상의 특징이 있다. 이것이 바로 옵션의 존재 이유인데, 옵션의 소유자는 옵션의 보유를 통해 미래의 불확실한 상황을 자신에게 현재의 상황 이상으로 유리하게 고정시킴으로써 위험을 줄이려는 목적으로 옵션을 구매하게 되는 반면, 옵션의 보유자는 비록 불확실하지만, 옵션 소유자가 권리 행사를 포기하는 경우를 노리고 공짜 이익을 얻으려는 목적으로 옵션을 발행하게 되는 것이다.

비용을 부담하고서 미래 위험을 줄이려는 거래자를 헷저(*hedger*)라 하고, 이러한 거래를 헷징거래(*hedging trade*)라 하는 반면, 미래 위험을 부담하면서 그에 상응하는 이익을 노리는 거래자를 투기자(*speculator*)라 하고, 그러한 거래를

*투기거래(speculation trade)*라 한다. 즉, 옵션의 존재 이유는 헷저로부터 투기자로 위험을 전가시키고 그에 대한 대가를 주고 받는 것이라 할 수 있다. 이외에도 옵션거래에서 추가적인 비용과 위험의 부담 없이 확실한 이익을 노리는 거래자를 *차익거래자(arbitrager)*라 하고 그 거래를 *차익거래(arbitrage trade)*라 하는데, 이와 같이, 옵션을 이용한 거래에는 **헷징거래, 투기거래, 차익거래**의 세 종류가 있다. 이들 거래에 대해 차례대로 알아보자.

우선 콜옵션을 이용한 헷징거래에 대해서 알아보자. 어떤 투자자가 T년 후, 1배럴의 석유를 매입하고자 한다. 그런데, 유가변동이 심한 관계로 미래의 석유가격이 어떻게 될지 불안한 투자자는 석유 1배럴에 대한 콜옵션을 매입하였다. 해당 콜옵션은 T년 후, 1배럴의 석유를 K의 가격으로 매입할 수 있는 옵션이다. T년 후의 석유가격을 S_T라 하면, 이 옵션을 보유함으로써, T년 후에 투자자는 다음의 가격으로 석유 1배럴을 매입할 수 있다.

$$\min\{S_T, K\} = \begin{cases} S_T, & \text{if } S_T < K; \\ K, & \text{if } S_T \geq K. \end{cases} \tag{7.1}$$

즉, 미래의 석유가격이 행사가격보다 쌀 경우에는 옵션의 행사를 포기하고 싼 시장가격으로 석유를 매입하고, 석유가격이 행사가격보다 비쌀 경우에는 옵션을 행사하여 싼 행사가격으로 석유를 매입하면 된다. 즉, 미래에 석유가격이 폭등하더라도 최대 K의 가격만 지불하면 되고, 가격이 폭락하면 폭락한 가격대로 싼 값에 매입할 수 있게 되는 것이다. 이러한 효익의 대가로 옵션 프리미엄을 지급하는 것이다.

　마찬가지로, 석유 생산자가 T년 후, 1배럴의 석유를 판매하고자 한다. 그런데, 유가변동이 심해서 T년 후, 1배럴의 석유를 K의 가격으로 매도할 수 있는 풋옵션을 매입하였다고 하자. T년 후의 석유가격을 S_T라 하면, T년 후에 투자자는 다음과 같이 유리한 가격으로 석유 1배럴을 판매할 수 있다.

$$\max\{S_T, K\} = \begin{cases} S_T, & \text{if } S_T > K; \\ K, & \text{if } S_T \leq K. \end{cases} \tag{7.2}$$

　이러한 헷징거래에서, 옵션의 발행자는 미래의 경제상황을 전망할 때, 옵션 소유자들이 권리를 행사하지 않을 것이라고 예상할 경우에 옵션을 발행하게 된다. 물론, 이는 불확실한 위험한 선택이다. 만약 발행자들의 예상이 적중해서 옵션이 행사되지 않는다면, 발행자들은 아무런 비용을 들이지 않고 옵션 프리미엄을 벌어들인 것이 되는 것이지만, 예상이 빗나가면, 옵션 소유자들의 권리행사에 응해주어 손실을 보게 된다.

　콜옵션의 경우, 석유가격이 행사가격보다 비쌀 경우, 옵션 보유자는 옵션을 행사하여 싼 행사가격으로 석유를 매입하게 되는데, 옵션 발행자 입장에서는 시장가격으로 석유를 매입해서 시장가격보다 싼 가격으로 석유를 매도하게 되기 때문에, 그만큼 손실을 보게 된다. 마찬가지로, 풋옵션의 경우에도, 옵션 보유자가 옵션을 행사하면 시장가격보다 비싼 행사가격으로 석유를 매도하게 되는데, 옵션 발행자는 이에 응하여 시장가격보다 비싼 가격으로 석유를 매입해서 시장가격으로 처분하게 되어 손실을 보게 되는 것이다.

이와 같이, 옵션의 발행자들은 위험을 부담하는 대신 엄청난 수익을 노리고 옵션을 발행하게 되는 것이다. 사실, 수익을 얻게 된다면, 그 수익률은 다음과 같이 무한대라고 할 수 있다. 초기투자자금이 0이기 때문이다. 이것이 바로 투기거래이다.

$$\frac{C_0 - 0}{0} = \frac{P_0 - 0}{0} = \infty. \tag{7.3}$$

그러나, 투기거래가 반드시 옵션의 발행을 통해서만 가능한 것은 아니다. 옵션에 투자를 힘으로써 투기거래를 할 수도 있다. 이는 옵션 프리미엄이 기초자산의 가격에 비해 매우 작다는 사실과 옵션의 행사가격이 현재의 기초자산 가격에 근접하게 형성된다는 사실 때문에 가능하다.

예   시 4. $7,800씩의 투자자금을 가진 투자자 A, B, C 에 대하여, 투자자 A는 주당 $78에 100주의 인텔주식을 사고, 투자자 B는 인텔 주식에 대해 행사가격이 $80인 12월 만기 콜옵션 2,600단위를 단위당 $3의 가격에 사며, 투자자 C는 인텔주식에 대해 행사가격이 역시 $80인 12

월 만기 풋옵션 1,950단위를 단위당 $4의 가격에 사들이기로 한다. 12월에 옵션 만기 시점에서 이 세 투자자의 투자수익률은 다음과 같다:

S_T	투자자 A	투자자 B	투자자 C
$90	$\dfrac{(90-78)\times 100}{7,800}$ $= 15.38\%$	$\dfrac{(90-80-3)\times 2,600}{7,800}$ $= 233.33\%$	$\dfrac{-4\times 1,950}{7,800}$ $= -100\%$
$70	$\dfrac{(70-78)\times 100}{7,800}$ $= -10.26\%$	$\dfrac{-3\times 2,600}{7,800}$ $= -100\%$	$\dfrac{(80-70-4)\times 1,950}{7,800}$ $= 150\%$

이와 같이, 옵션에 투자함으로써 현물에 대한 투자에 비해 큰 수익과 큰 위험을 부담하는 투기거래가 가능하다.

추가적인 비용이나 위험의 부담 없이 확실한 이익을 얻는 거래를 *차익거래(arbitrage trade)*라 하고, 이때의 이익을 *차익(arbitrage profit)*이라 한다. 앞서 5.1절에서 살펴본 바와 같이, 시장균형상태와 무차익거래상태는 동일한 상태이다. 따라서, 시장균형이 깨어져서 특정 변수들 간의 등식관계 혹은 부등식관계가 깨어질 경우, 차익거래의 기회(arbitrage opportunity)가 발생하게 되는데, 이때, 자금차입과 함께, 고평가된 자산을 매도하고(비싸게 팔고), 저평가된 자산을 매수(싸게 사고)함으로써 차익거래를 할 수 있다. 차익거래가 계속될 경우 변수들 간의 등식관계 혹은 부등식관계가 회복되고 차익거래의 기회가 사라져 시장균형이 회복된다. 예를 들어, 다음과 같은 관계식이 깨어질 경우, 차익거래가 발생한다.

> **정　　리 22** (풋-콜 패러티(The Put-Call Parity)). 자산 S
> 를 기초자산으로 하고, 만기가 T개월 후이며, 행사가격
> 이 K인 풋옵션 P와 콜옵션 C에 대해, 연간 이자율이 r
> 일 때, 시장균형하에서
>
> $$S_0 + P_0 - C_0 = K\left(1 + r \cdot \frac{T}{12}\right)^{-1}.$$

증　　명. *1 단계.* 만약 $S_0 + P_0 - C_0 > K\left(1 + r \cdot \frac{T}{12}\right)^{-1}$이면,
현재시점에서 S를 공매도하고, P를 발행하며, C를 매수한
후, 그 대금 $S_0 + P_0 - C_0$를 이자율 r로 T개월 후가 만기가
되도록 은행에 예치해둔다. T개월 후, 은행 예치금을 찾으
면, $(S_0 + P_0 - C_0)\left(1 + r \cdot \frac{T}{12}\right) > K$가 되는 반면, 현재시점에서
이루어진 거래에 대해 다음과 같은 지출이 발생하게 된다.

$$S_T + \max\{K - S_T, 0\} - \max\{S_T - K, 0\}$$

$$= \begin{cases} S_T + 0 - (S_T - K), & \text{if } S_T \geq K; \\ S_T + (K - S_T) - 0, & \text{if } S_T < K \end{cases}$$

$$= K.$$

따라서, 다음과 같이 추가적인 위험부담도 추가적인 비용부
담도 없는 확실한 수익

$$(S_0 + P_0 - C_0)\left(1 + r \cdot \frac{T}{12}\right) - K > 0,$$

즉, 차익을 얻게 된다. 이러한 차익으로 인해, 투자자들은 이같은 차익거래를 계속하게 되는데, 이때, S와 P의 공급이 늘어 그 가격인 S_0와 P_0가 내리고, C의 수요가 늘어 그 가격인 C_0가 올라 다음과 같은 등식을 회복하게 된다.

$$S_0 + P_0 - C_0 = K\left(1 + r \cdot \frac{T}{12}\right)^{-1}.$$

2 단계. 만약 $S_0 + P_0 - C_0 < K\left(1 + r \cdot \frac{T}{12}\right)^{-1}$이면, 현재시점에서 T개월 후를 만기로 하여 $S_0 + P_0 - C_0$만큼 은행에서 차입한 후, 이 자금으로 C를 발행하고, S와 P를 매수한다. T개월 후, 현재시점에서 이루어진 거래에 대해 다음과 같은 수익으로, 차입한 $(S_0 + P_0 - C_0)\left(1 + r \cdot \frac{T}{12}\right) < K$만큼을 상환한다.

$$S_T + \max\{K - S_T, 0\} - \max\{S_T - K, 0\}$$

$$= \begin{cases} S_T + 0 - (S_T - K), & \text{if } S_T \geq K; \\ S_T + (K - S_T) - 0, & \text{if } S_T < K \end{cases} = K.$$

따라서, 다음과 같이 추가적인 위험부담도 추가적인 비용부담도 없는 확실한 수익

$$K - (S_0 + P_0 - C_0)\left(1 + r \cdot \frac{T}{12}\right) > 0,$$

즉, 차익을 얻게 된다. 이러한 차익으로 인해, 투자자들은 이같은 차익거래를 계속하게 되는데, 이때, S와 P의 수요가 늘어 그 가격인 S_0와 P_0가 오르고, C의 공급이 늘어 그

가격인 C_0가 내려 다음과 같은 등식을 회복하게 된다.

$$S_0 + P_0 - C_0 = K\left(1 + r \cdot \frac{T}{12}\right)^{-1}.$$

선도나 선물과 마찬가지로, 옵션 또한 앞서 살펴본 세 종류의 거래(투자전략)를 통해 다음과 같은 경제적인 기능을 가지며, 이것이 옵션의 존재 이유라 할 수 있다.

(a) **위험 전가를 통한 헷징기회 제공** : 헷징을 주된 목적으로 하는 헷징거래자(hedger)는 자신이 부담할 위험을 투기거래자(speculator)에게 전가함으로써, 가격 변동위험을 회피할 수 있다.

(b) **위험 인수를 통한 투기기회 제공** : 투기거래자는 헷징거래자로부터 위험을 떠맡는 대신 그에 상응하는 고수익을 노릴 수 있는 투기의 기회를 제공받는다.

(c) **차익거래를 통한 시장균형 회복기능** : 시장균형이 깨어져 있을 경우, 차익거래는 관련 자산들 간의 차익거래를 통해 시장이 균형으로 회복될 수 있도록 한다.

7.3 옵션의 가격결정

앞 장에서 살펴본 선도나 선물과 마찬가지로, 옵션 또한 일반적으로 거래당사자들 간에 장외에서 특정조건으로 일대일로 거래되는 경우가 대부분이기 때문에, 옵션에 대한 수요와 공급이 성립할 수 없다. 따라서, 옵션을 거래할 기준 가격을 시장에서 관찰할 수 없다는 문제가 발생한다. 이러한 문제를 해결하기 위해 옵션의 가격을 결정하는 모형들이 개발되었는데, 옵션의 가격을 결정하는 대표적인 모형은 Black and Scholes(1973)와 Merton(1973b)이 개발한 Black-Scholes 옵션가격결정모형(Black-Scholes option pricing model)과 Cox et al.(1979)이 개발한 이항모형(binomial model)이다.

이 절에서는 Cox et al.(1979)의 방식을 따라서, Harrison and Kreps(1979)와 Harrison and Pliska(1981, 1983)의 자산가격결정의 기본정리(fundamental theorem of asset pricing)를 이용하여 이항모형을 유도하고, Black-Scholes 옵션가격결정모형은 그 결과만 제시하기로 한다. 우선, 자산가격결정의 기본정리에 대해 알아보자.

정   의 25 (위험중립확률). 금융시장의 임의의 자산 S 및 연간 이자율 r에 대해, T개월 후의 자산가격 S_T와 현재의 자산가격 S_0 사이에 다음 식이 성립하도록 하는 확률 Q를 해당 금융시장에 대한 *위험중립확률(risk-neutral probability)*이라 한다.

$$S_0 = \frac{1}{R}E_Q(S_T)$$

단,

$$R = 1 + r \cdot \frac{T}{12}.$$

정의 26 (완성시장). 어떤 금융시장에 대해, 임의의 자산을 다른 자산들의 결합으로 복제할 수 있을 때, 그 금융시장을 **완성시장**(*complete market*)이라 한다.

보조정리 2 (자산가격결정의 기본정리(Fundamental Theorem of Asset Pricing)). 어떤 금융시장에 대해,

(a) 차익거래기회가 존재하지 않으면 위험중립확률이 존재하고, 위험중립확률이 존재하면 차익거래기회가 존재하지 않는다.

(b) 차익거래기회가 존재하지 않아서 위험중립확률이 존재할 때, 해당 시장이 완성시장(complete market)이면, 위험중립확률은 유일하고, 위험중립확률이 유일하면 해당 시장은 완성시장이다.

Harrison and Kreps(1979)와 Harrison and Pliska(1981, 1983)의 자산가격결정의 기본정리를 이용하여, Cox et al.(1979)의 이항모형을 유도하면 다음과 같다.

정리 23 (이항모형(Binomial Model)). 현재가격이 S_0인 주식을 기초자산으로 하는 콜옵션의 현재가격을 C_0, 풋옵션의 현재가격을 P_0, 옵션행사가격을 K, 옵션만기를 T개월 후, 연이자율을 r이라 할 때, 만약 $d < 1 < u$에

대해 S_T가 uS_0 또는 dS_0라면, 시장균형하에서

$$C_0 = \frac{1}{R}\left[qC_0u + (1-q)\,C_0d\right]$$

및

$$P_0 = \frac{1}{R}\left[qP_0u + (1-q)\,P_0d\right]$$

단,

$$R = 1 + r\cdot\frac{T}{12},\; q = \frac{R-d}{u-d},$$

$$C_0u = \max\{uS_0 - K, 0\},\; C_0d = \max\{dS_0 - K, 0\},$$

$$P_0u = \max\{K - uS_0, 0\},\; P_0d = \max\{K - dS_0, 0\}.$$

증   명. 현재가격이 S_0인 주식을 기초자산으로 하는 콜옵션의 현재가격을 C_0, 풋옵션의 현재가격을 P_0, 옵션행사가격을 K, 옵션만기를 T개월 후, 연이자율을 r이라 할 때, 만약 $d < 1 < u$에 대해 S_T가 uS_0 또는 dS_0라면, 시장균형하에서 (무차익거래조건하에서) $Q = \{q, 1-q\}$를 위험중립확률(risk-neutral probability)이라 하고, q를 가격상승확률이라 하자. 그러면,

$$\frac{1}{R}E_Q\left(S_T\right) = S_0.$$

$$\frac{1}{R}\left[quS_0 + (1-q)\,dS_0\right] = S_0.$$

$$\frac{1}{R}\left[qu + (1-q)\,d\right] = 1.$$

$$\therefore\ q = \frac{R - d}{u - d}.$$

따라서, 다음과 같이 된다.

$$C_0 = \frac{1}{R}E_Q(C_T) = \frac{1}{R}\left[qC_0u + (1 - q)\,C_0d\right]$$

및

$$P_0 = \frac{1}{R}E_Q(P_T) = \frac{1}{R}\left[qP_0u + (1 - q)\,P_0d\right]$$

단,

$$R = 1 + r \cdot \frac{T}{12},\ q = \frac{R - d}{u - d},$$

$$C_0u = \max\{uS_0 - K, 0\},\ C_0d = \max\{dS_0 - K, 0\},$$

$$P_0u = \max\{K - uS_0, 0\},\ P_0d = \max\{K - dS_0, 0\}.$$

$\square$

이항모형 이외에 옵션의 가격을 결정하는 또 다른 대표적인 모형으로 Black and Scholes(1973)와 Merton(1973b)이 개발한 Black-Scholes 옵션가격결정모형이 있다. 여기서는 그 유도과정은 생략하고 모형의 결과만을 제시하기로 한다.

정 리 24 (Black-Scholes 옵션가격결정모형(Black-Scholes Option Pricing Model)). 현재가격이 S_0이고 위험이 σ인 주식을 기초자산으로 하는 콜옵션의 현재가격을 C_0, 풋옵션의 현재가격을 P_0, 옵션행사가격을 K, 옵션만기를

$$C_0 = S_0 \Phi(d_1) - Ke^{-rT}\Phi(d_2)$$

및

$$P_0 = Ke^{-rT}\Phi(-d_2) - S_0\Phi(-d_1)$$

단,

$$d_1 = \frac{\ln\dfrac{S_0}{K} + \left(r + \dfrac{1}{2}\sigma^2\right)T}{\sigma\sqrt{T}},$$

$$d_2 = d_1 - \sigma\sqrt{T},$$

$$\Phi(z) = \int_{-\infty}^{z} \frac{1}{\sqrt{2\pi}} \exp\left(-\frac{1}{2}x^2\right)dx.$$

T년 후, 연이자율을 r이라 할 때,

여기서 $\exp(x) := e^x$이며, $e := 2.718281828459045\ldots$ 및 $\ln x := \log_e x$이다. 이 모형에서 $\Phi(x)$값은 통계용 계산기나 통계 소프트웨어를 이용하거나 부록 **B**의 표준정규분포표를 이용하여 구할 수 있다.

7.4   델타 헷징

앞서 옵션이 헷징수단으로 이용될 수 있다는 점이 옵션의 경제적 기능의 하나임을 보인 바 있는데, 이 절에서는 옵션가격결정모형 중 **Black-Scholes** 모형을 이용한 헷징방법에 대해 살펴보기로 한다.

정의 27 (델타(Delta))**.** $C_0 = S_0\Phi(d_1) - Ke^{-rT}\Phi(d_2)$ 및 $P_0 = Ke^{-rT}\Phi(-d_2) - S_0\Phi(-d_1)$에 대하여,

$$\Delta_{C_0} := \frac{\partial C_0}{\partial S_0} \quad \text{및} \quad \Delta_{P_0} := \frac{\partial P_0}{\partial S_0}.$$

보조정리 3.

$$d_1 = \frac{\ln\frac{S_0}{K} + \left(r + \frac{1}{2}\sigma^2\right)T}{\sigma\sqrt{T}} \quad \text{및} \quad d_2 = \frac{\ln\frac{S_0}{K} + \left(r - \frac{1}{2}\sigma^2\right)T}{\sigma\sqrt{T}}$$

에 대해서,

$$S_0 e^{-\frac{d_1^2}{2}} = Ke^{-rT - \frac{d_2^2}{2}}.$$

증명.

$$d_1 = \frac{\ln\frac{S_0}{K} + \left(r + \frac{1}{2}\sigma^2\right)T}{\sigma\sqrt{T}} \quad \text{및} \quad d_2 = \frac{\ln\frac{S_0}{K} + \left(r - \frac{1}{2}\sigma^2\right)T}{\sigma\sqrt{T}}$$

에 대해서,

$$\frac{d_1^2 - d_2^2}{2} = \frac{(d_1 - d_2)(d_1 + d_2)}{2} = \frac{\sigma\sqrt{T}}{2} \cdot \frac{2\left(\ln\frac{S_0}{K} + rT\right)}{\sigma\sqrt{T}} = \ln\frac{S_0}{K} + rT$$

이므로,

$$e^{\frac{d_1^2 - d_2^2}{2}} = e^{\ln\frac{S_0}{K} + rT} = \frac{S_0}{K}e^{rT}.$$

$$\therefore \ S_0 e^{-\frac{d_1^2}{2}} = Ke^{-rT - \frac{d_2^2}{2}}.$$

$\square$

정　　리 25 (Delta). $C_0 = S_0\Phi(d_1) - Ke^{-rT}\Phi(d_2)$ 및 $P_0 = Ke^{-rT}\Phi(-d_2) - S_0\Phi(-d_1)$에 대하여,

$$\Delta_{C_0} = \frac{\partial C_0}{\partial S_0} = \Phi(d_1) \text{ 및 } \Delta_{P_0} = \frac{\partial P_0}{\partial S_0} = -\Phi(-d_1).$$

증　　명. $C_0 = S_0\Phi(d_1) - Ke^{-rT}\Phi(d_2)$ 및 $P_0 = Ke^{-rT}\Phi(-d_2) - S_0\Phi(-d_1)$ 단,

$$d_1 = \frac{\ln\dfrac{S_0}{K} + \left(r + \dfrac{1}{2}\sigma^2\right)T}{\sigma\sqrt{T}},$$

$$d_2 = d_1 - \sigma\sqrt{T},$$

$$\Phi(z) = \int_{-\infty}^{z} \frac{1}{\sqrt{2\pi}} \exp\left(-\frac{1}{2}x^2\right) dx$$

에 대하여,

$$\frac{\partial C_0}{\partial S_0} = \Phi(d_1) + S_0\Phi'(d_1)\frac{\partial d_1}{\partial S_0} - Ke^{-rT}\Phi'(d_2)\frac{\partial d_2}{\partial S_0}$$

$$= \Phi(d_1) + S_0\frac{1}{\sqrt{2\pi}}e^{-\frac{d_1^2}{2}}\frac{1}{\sigma\sqrt{T}S_0} - Ke^{-rT}\frac{1}{\sqrt{2\pi}}e^{-\frac{d_2^2}{2}}\frac{1}{\sigma\sqrt{T}S_0}$$

$$= \Phi(d_1) + S_0 e^{-\frac{d_1^2}{2}}\frac{1}{\sigma\sqrt{2\pi T}S_0} - Ke^{-rT-\frac{d_2^2}{2}}\frac{1}{\sigma\sqrt{2\pi T}S_0}$$

$$= \Phi(d_1) \left(\because S_0 e^{-\frac{d_1^2}{2}} = Ke^{-rT-\frac{d_2^2}{2}}\right).$$

$$\therefore \Delta_{C_0} = \frac{\partial C_0}{\partial S_0} = \Phi(d_1).$$

$$\frac{\partial P_0}{\partial S_0} = -Ke^{-rT}\Phi(-d_2)\frac{\partial d_2}{\partial S_0} - \Phi(-d_1) + S_0\Phi'(-d_1)\frac{\partial d_1}{\partial S_0}$$

$$= -Ke^{-rT}\frac{1}{\sqrt{2\pi}}e^{-\frac{d_2^2}{2}}\frac{1}{\sigma\sqrt{T}S_0} - \Phi(-d_1) + S_0\frac{1}{\sqrt{2\pi}}e^{-\frac{d_1^2}{2}}\frac{1}{\sigma\sqrt{T}S_0}$$

$$= -Ke^{-rT-\frac{d_2^2}{2}}\frac{1}{\sigma\sqrt{2\pi T}S_0} - \Phi(-d_1) + S_0 e^{-\frac{d_1^2}{2}}\frac{1}{\sigma\sqrt{2\pi T}S_0}$$

$$= -\Phi(-d_1)\left(\because S_0 e^{-\frac{d_1^2}{2}} = Ke^{-rT-\frac{d_2^2}{2}}\right).$$

$$\therefore \ \Delta_{P_0} = \frac{\partial P_0}{\partial S_0} = -\Phi(-d_1).$$

$\square$

정리 26 (델타 헷징(Delta Hedging)). $C_0 = S_0\Phi(d_1) - Ke^{-rT}\Phi(d_2)$ 및 $P_0 = Ke^{-rT}\Phi(-d_2) - S_0\Phi(-d_1)$에 대하여, S의 가격변동위험은

(a) S 한 단위당

$$\frac{1}{\Delta_{C_0}} = \frac{1}{\Phi(d_1)}$$

단위의 C를 매도함으로써 헷지할 수 있고,

(b) S 한 단위당

$$-\frac{1}{\Delta_{P_0}} = \frac{1}{\Phi(-d_1)}$$

단위의 P를 매수함으로써 헷지할 수 있다.

증명. $C_0 = S_0\Phi(d_1) - Ke^{-rT}\Phi(d_2)$ 및 $P_0 = Ke^{-rT}\Phi(-d_2) -$

$S_0 \Phi(-d_1)$ 단,

$$d_1 = \frac{\ln\dfrac{S_0}{K} + \left(r + \dfrac{1}{2}\sigma^2\right)T}{\sigma\sqrt{T}},$$

$$d_2 = d_1 - \sigma\sqrt{T},$$

$$\Phi(z) = \int_{-\infty}^{z} \frac{1}{\sqrt{2\pi}} \exp\left(-\frac{1}{2}x^2\right) dx$$

에 대하여,

   (a) 다음과 같은 헷징포트폴리오(hedging portfolio)를 상정하자.

$$V_0 = S_0 + nC_0.$$

$\dfrac{\partial V_0}{\partial S_0} = 0$라 하면,

$$1 + n\frac{\partial C_0}{\partial S_0} = 0.$$

$$1 + n\Delta_{C_0} = 0.$$

$$n = -\frac{1}{\Delta_{C_0}}.$$

$$\therefore\ n = -\frac{1}{\Delta_{C_0}} = -\frac{1}{\Phi(d_1)} < 0.$$

$\therefore\ S$ 한 단위당

$$\frac{1}{\Delta_{C_0}} = \frac{1}{\Phi(d_1)}$$

단위의 C를 매도함으로써 S의 가격변동위험을 헷지할 수 있다.

(b) 이번에는 다음과 같은 헷징포트폴리오(hedging portfolio)를 상정하자.

$$U_0 = S_0 + mP_0.$$

$\dfrac{\partial U_0}{\partial S_0} = 0$라 하면,

$$1 + m\frac{\partial P_0}{\partial S_0} = 0.$$

$$1 + m\Delta_{P_0} = 0.$$

$$\therefore\ m = -\frac{1}{\Delta_{P_0}} = \frac{1}{\Phi(-d_1)} > 0.$$

$\therefore$ S 한 단위당

$$-\frac{1}{\Delta_{P_0}} = \frac{1}{\Phi(-d_1)}$$

단위의 P를 매수함으로써 S의 가격변동위험을 헷지할 수 있다. $\qquad\qquad\square$

부록 A

미적분학

여기서는 본서를 공부하기 위한 배경지식으로서 미적분학에 대해 간략히 살펴보기로 한다. 보다 자세한 내용은 Thomas et al.(1995)이나 Stewart(1999) 등을 참조하기 바란다.

A.1 극한

정   의 28 (수렴). 함수 $f(x)$에 대해, x가 a에 무한히 가까워지면 $f(x)$가 L에 무한히 가까워지는 경우, $f(x)$는 L에 수렴한다($f(x)$ *converges to* L)고 하고 L을 $f(x)$의 극한값(*limit*)이라 하며 다음과 같이 나타낸다.

$$\lim_{x \to a} f(x) = L.$$

정의 29 (발산). 함수 $f(x)$에 대해,

(a) x가 a에 무한히 가까워지면 $f(x)$가 무한히 커지는 경우, $f(x)$는 양의 무한대로 발산한다($f(x)$ *diverges to the positive infinity*)고 하고 다음과 같이 나타낸다.

$$\lim_{x \to a} f(x) = \infty.$$

(b) x가 a에 무한히 가까워지면 $f(x)$가 무한히 작아지는 경우, $f(x)$는 음의 무한대로 발산한다($f(x)$ *diverges to the negative infinity*)고 하고 다음과 같이 나타낸다.

$$\lim_{x \to a} f(x) = -\infty.$$

정의 30 (좌극한과 우극한). 함수 $f(x)$에 대해,

(a) x가 증가하여 a에 무한히 가까워지면 $f(x)$가 L에 무한히 가까워지는 경우, L을 $f(x)$의 좌극한(*left limit*)이라 하며 다음과 같이 나타낸다.

$$\lim_{x \uparrow a} f(x) = \lim_{x \to a-} f(x) = L.$$

(b) x가 감소하여 a에 무한히 가까워지면 $f(x)$가 L에 무한히 가까워지는 경우, L을 $f(x)$의 우극한(*right limit*)이라 하며 다음과 같이 나타낸다.

$$\lim_{x \downarrow a} f(x) = \lim_{x \to a+} f(x) = L.$$

정 리 27. 함수 $f(x)$에 대해,

$$\lim_{x \to a-} f(x) = \lim_{x \to a+} f(x) = L \Leftrightarrow \lim_{x \to a} f(x) = L.$$

정 의 31 (연속)**.** 함수 $f(x)$에 대해, 다음과 같은 경우 $f(x)$는 a에서 **연속(*continuous*)**이라 한다.

$$\lim_{x \to a} f(x) = f(a).$$

정 의 32 (좌연속과 우연속)**.** 함수 $f(x)$에 대해,

(*a*) 다음과 같은 경우 $f(x)$는 a에서 **좌연속(*left-continuous*)**이라 한다.

$$\lim_{x \to a-} f(x) = f(a).$$

(*b*) 다음과 같은 경우 $f(x)$는 a에서 **우연속(*right-continuous*)**이라 한다.

$$\lim_{x \to a+} f(x) = f(a).$$

정 리 28. 함수 $f(x)$에 대해,

$$\lim_{x \to a-} f(x) = \lim_{x \to a+} f(x) = f(a) \Leftrightarrow \lim_{x \to a} f(x) = f(a).$$

정   의 33 (연속함수). 함수 $f(x)$에 대해, $f(x)$가 정의역의 모든 점에서 연속인 경우 $f(x)$를 연속함수(*continuous function*)라 한다.

정   리 29. 상수 c와 x에 관한 함수 $f(x)$ 및 $g(x)$에 대해,

$$\lim_{x \to a} f(x) = L \text{ 및 } \lim_{x \to a} g(x) = M$$

일 때,

(a) $\lim_{x \to a} cf(x) = cL,$

(b) $\lim_{x \to a} [f(x) \pm g(x)] = L \pm M,$

(c) $\lim_{x \to a} [f(x)g(x)] = LM,$

(d) $\lim_{x \to a} \dfrac{f(x)}{g(x)} = \dfrac{L}{M} \ (g(x) \neq 0, M \neq 0).$

좌극한과 우극한에 대해서도 동일하게 적용된다.

주   의 3. 극한값

$$\lim_{x \to a} f(x)$$

는 다음과 같이 구한다.

(a) $x \to a$값을 함수 $f(x)$에 그냥 대입하여 구할 수 있다.

(b) 이때, $\pm\dfrac{1}{\infty} = 0$, $\forall c > 0, c \cdot \infty = \infty$, $\forall c < 0, c \cdot \infty = -\infty$,

$\infty \cdot \infty = \infty$, $\forall c, \pm\infty \pm c = \pm\infty$, $\dfrac{\infty}{0} = \infty$, $\dfrac{0}{\infty} = 0$, $\infty + \infty = \infty$

등임을 명심한다.

(c) $\dfrac{\infty}{\infty}$일 경우, 분모와 분자를 같은 식으로 나누어서 계산한다.

(d) $\dfrac{\infty}{\infty}$일 경우, 분모와 분자가 동차일 경우 최고차항의 계수들의 비율이 곧 극한값이다.

(e) $\dfrac{\infty}{\infty}$일 경우, 분모가 더 고차면 극한값은 0이며, 분자가 더 고차면 극한값은 ∞이다.

A.2 미분

정   의 34 (미분과 도함수). 실수 h와 x에 관한 함수 $f(x)$에 대하여,

$$f'(a) = \frac{d}{dx}f(a) := \lim_{h \to 0} \frac{f(a+h) - f(a)}{h}$$

가 존재할 때, 이를 $x = a$에서의 **미분값** 또는 **순간변화율**이라 하고,

$$f'(x) = \frac{d}{dx}f(x) := \lim_{h \to 0} \frac{f(x+h) - f(x)}{h}$$

가 존재할 때, 이를 $f(x)$의 **1계 도함수(first-order derivative)**라 하며,

$$f''(x) = \frac{d^2}{dx^2}f(x) := \frac{d}{dx}f'(x) = \lim_{h \to 0} \frac{f'(x+h) - f'(x)}{h}$$

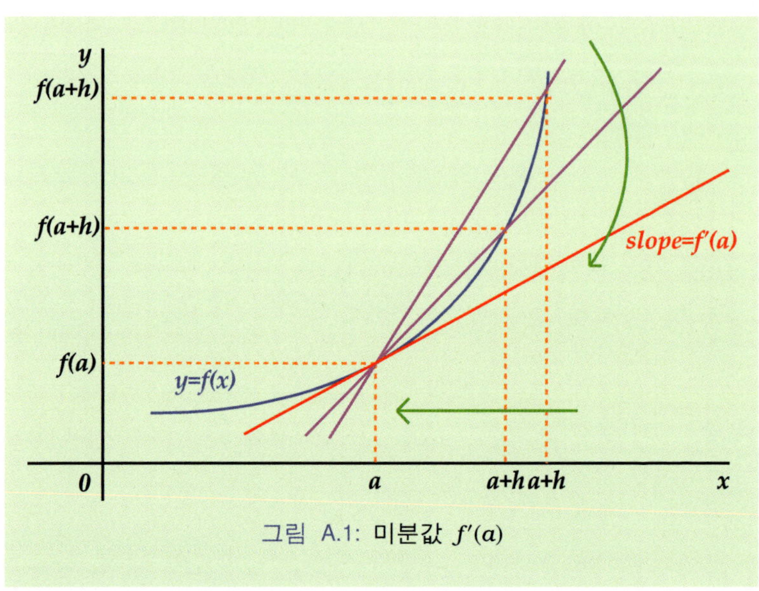

그림 A.1: 미분값 $f'(a)$

가 존재할 때, 이를 $f(x)$의 *2계 도함수(second-order derivative)*라 한다.

여기서, ":="는 "정의에 의해 같다" 혹은 "같도록 정의되었다"는 의미이다.

그림 A.1에서 볼 수 있듯이, $f'(a)$는 $x = a$에서 $y = f(x)$에 대한 접선(tangent line)의 기울기(slope)를 의미한다.

또한, 그림 A.2는

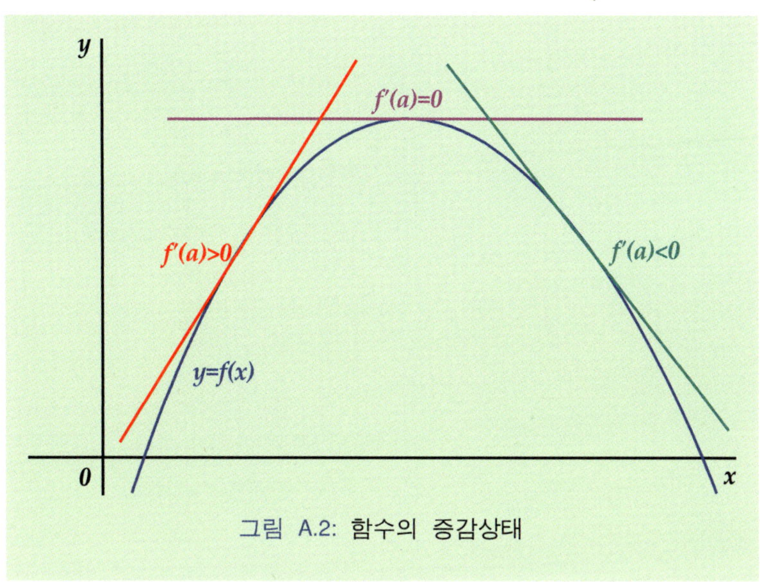

그림 A.2: 함수의 증감상태

(a) $f'(a) > 0 \Leftrightarrow y = f(x)$가 $x = a$ 근방에서 증가

(b) $f'(a) = 0 \Leftrightarrow y = f(x)$가 $x = a$ 근방에서 정체 혹은 증감이 교차

(c) $f'(a) < 0 \Leftrightarrow y = f(x)$가 $x = a$ 근방에서 감소

하고 있음을 나타낸다.

또한, 그림 A.3은

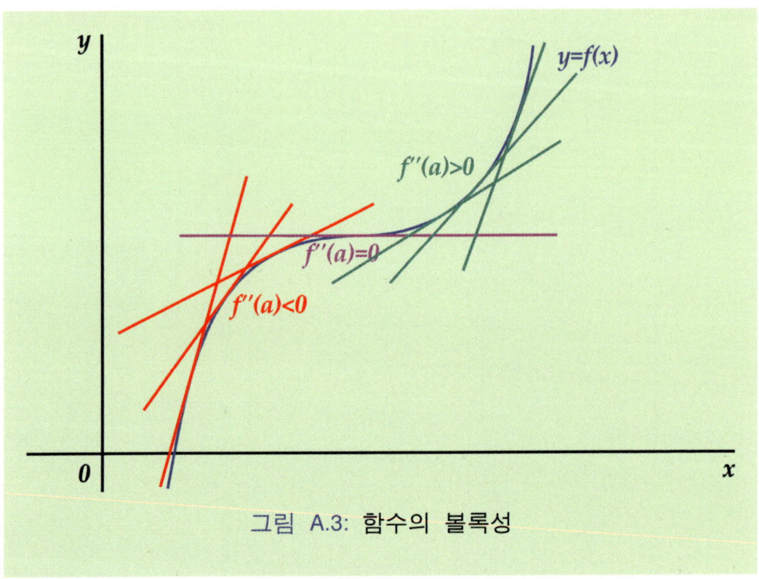

그림 A.3: 함수의 볼록성

(a) $f''(a) > 0 \Leftrightarrow y = f(x)$가 $x = a$ 근방에서 아래로 볼록(위로 오목)

(b) $f''(a) = 0 \Leftrightarrow y = f(x)$가 $x = a$ 근방에서 변곡(볼록성과 오목성이 교차)

(c) $f''(a) > 0 \Leftrightarrow y = f(x)$가 $x = a$ 근방에서 위로 볼록(아래로 오목)

함을 나타낸다. 즉, $f''(a) > 0$는 $f'(x)$, 즉 $f(x)$의 접선의 기울기가 $x = a$ 근방에서 증가하고 있음을 나타내므로, $f(x)$

가 $x = a$ 근방에서 아래로 볼록한 형태임을 나타낸다고 할 수 있고, 반대로 $f''(a) < 0$는 $f'(x)$, 즉 $f(x)$의 접선의 기울기가 $x = a$ 근방에서 감소하고 있음을 나타내므로, $f(x)$가 $x = a$ 근방에서 위로 볼록한 형태임을 나타낸다고 할 수 있으며, $f''(a) = 0$는 $f'(x)$, 즉 $f(x)$의 접선의 기울기가 $x = a$ 근방에서 정체(혹은 증감의 일관성이 없음)하고 있음을 나타내므로, $f(x)$가 $x = a$ 근방에서 볼록성과 오목성이 교차되고 있음을 나타낸다고 할 수 있다.

정　　리 30 (미분법). 상수 $a, n \in \mathbb{R}$, 미분 가능한 함수 $f(x)$와 $g(x)$, $e := 2.718281828459045\ldots$, 및 $\ln x := \log_e x$에 대해서,

(a) $\dfrac{d}{dx}a = 0$, (b) $\dfrac{d}{dx}af(x) = a\dfrac{df(x)}{dx} = af'(x)$,

(c) $\dfrac{d}{dx}[f(x) \pm g(x)] = \dfrac{df(x)}{dx} \pm \dfrac{dg(x)}{dx} = f'(x) \pm g'(x)$,

(d) $\dfrac{d}{dx}[f(x)g(x)] = \left[\dfrac{df(x)}{dx}\right]g(x) + f(x)\left[\dfrac{dg(x)}{dx}\right] = f'(x)g(x) + f(x)g'(x)$,

(e) $\dfrac{d}{dx}f[g(x)] = \dfrac{df[g(x)]}{dg(x)} \cdot \dfrac{dg(x)}{dx} = f'[g(x)]g'(x)$ (*연쇄법칙, chain rule*),

(f) $\dfrac{d}{dx}x^n = nx^{n-1}$, $\dfrac{d}{dx}e^x = e^x$, $\dfrac{d}{dx}\ln x = \dfrac{1}{x}$,

(g) $\dfrac{d}{dx}\left[\dfrac{f(x)}{g(x)}\right] = \dfrac{f'(x)}{g(x)} - \dfrac{f(x)g'(x)}{[g(x)]^2} = \dfrac{f'(x)g(x) - f(x)g'(x)}{[g(x)]^2}$

단, $g(x) \neq 0$.

예   시 5. 다음 함수를 미분하시오.

(1) $f(x) = a^x \ (a > 0)$.

(2) $f(x) = 2\left(4x^3 + 2x + 1\right)^3 e^{3x^2+1} \ln x + 2x^2 + 4x + 3$.

풀   이.   (1) $f(x) = a^x \ (a > 0)$에 대하여, 다음과 같다.

$$\ln f(x) = \ln a^x.$$

$$\ln f(x) = x \ln a.$$

$$\frac{d}{dx} \ln f(x) = \frac{dx}{dx} \ln a.$$

$$\left[\frac{d}{df(x)} \ln f(x)\right] f'(x) = \ln a.$$

$$\frac{f'(x)}{f(x)} = \ln a.$$

$$f'(x) = f(x) \ln a.$$

$$\therefore \ f'(x) = a^x \ln a \ (a > 0).$$

(2) 다음과 같다.

$$f'(x) = 6\left(4x^3 + 2x + 1\right)^2 \left(12x^2 + 2\right) e^{3x^2+1} \ln x$$

$$+ 12x\left(4x^3 + 2x + 1\right)^3 e^{3x^2+1} \ln x$$

$$+ \frac{2\left(4x^3 + 2x + 1\right)^3 e^{3x^2+1}}{x} + 4x + 4$$

$$= 12\left(4x^3 + 2x + 1\right)^2 \left(6x^2 + 1\right) e^{3x^2+1} \ln x$$

$$+ 12x\left(4x^3 + 2x + 1\right)^3 e^{3x^2+1} \ln x$$

$$+ \frac{2\left(4x^3 + 2x + 1\right)^3 e^{3x^2+1}}{x} + 4x + 4.$$

$\square$

A.3 최적화

정   의 35 (극대극소). 미분 가능한 함수 $f : X \subseteq \mathbb{R} \to Y \subseteq \mathbb{R}$에 대해,

(a) $f'(a) = 0$이고 $f''(a) > 0$이면, $f(a)$를 함수 $f(x)$의 극소값(*local minimum*)이라 하고,

(b) $f'(a) = 0$이고 $f''(a) < 0$이면, $f(a)$를 함수 $f(x)$의 극대값(*local maximum*)이라 한다.

(c) 함수값 $f(x)$ 중 가장 큰 값이 존재하면, 그 값을 $f(x)$의 최대값(*global maximum*)이라 하고,

(d) 함수값 $f(x)$ 중 가장 작은 값이 존재하면, 그 값을 $f(x)$의 **최소값(*global minimum*)**이라 한다.

(e) 정의역 X에서 극소값, 극대값, 최대값, 최소값을 **극값 (*extremum*)**이라 한다.

정　　리 31. 미분 가능한 함수 $f : X \subseteq \mathbb{R} \to Y \subseteq \mathbb{R}$에 대해,

(a) 극대값과 극소값 및 정의역의 경계값(boundary value) 중에 가장 큰 값이 존재하면, 그 값이 함수의 최대값 이며,

(b) 극대값과 극소값 및 정의역의 경계값(boundary value) 중에 가장 작은 값이 존재하면, 그 값이 함수의 최소 값이다.

(c) 정의역이 폐구간(closed interval)일 경우 경계값이 항 상 존재하고, 반개구간(half-open interval, 반폐구간, half-closed interval)이면 한쪽에서만 존재하며, 개구간 (open interval)에서는 존재하지 않는다.

(d) 경계부분이 열려 있어서 경계값이 존재하지는 않으 나 경계부근의 값이 다른 값들보다 클 경우 최대값은 존재하지 않는 것이며,

(e) 경계부분이 열려 있어서 경계값이 존재하지는 않으 나 경계부근의 값이 다른 값들보다 작을 경우 최소 값은 존재하지 않는 것이다.

정　　리 32 (제약하의 최적화). 두 번 미분 가능한 함수 $f(x)$, $g(x)$, 및 $h(x)$에 대해,

(a) 극대화 문제

$$\max_{x} f(x)$$

subject to

$$g(x) = 0 \text{ 및 } h(x) = 0.$$

이라는 문제가 주어진 경우,

$$\mathcal{L} = f(x) - \lambda g(x) - \mu h(x)$$

라 하고,

$$\frac{d\mathcal{L}}{dx} = 0, \ \frac{d^2\mathcal{L}}{dx^2} < 0, \ g(x) = 0, \ \text{및 } h(x) = 0$$

를 만족하는 x 및 $f(x)$를 구하면 그것이 바로 주어진 문제에 대한 답이다.

이때 함수

$$\mathcal{L} = f(x) - \lambda g(x) - \mu h(x)$$

를 이 문제에 대한 **라그랑지안(Lagrangian)**이라 한다.

(b) 극소화 문제

$$\min_{x} f(x)$$

subject to

$$g(x) = 0 \text{ 및 } h(x) = 0.$$

이라는 문제가 주어진 경우,

$$\mathcal{L} = f(x) - \lambda g(x) - \mu h(x)$$

라 하고,

$$\frac{d\mathcal{L}}{dx} = 0, \ \frac{d^2\mathcal{L}}{dx^2} > 0, \ g(x) = 0, \ \text{및} \ h(x) = 0$$

를 만족하는 x 및 $f(x)$를 구하면 그것이 바로 주어진 문제에 대한 답이다.

이때 함수

$$\mathcal{L} = f(x) - \lambda g(x) - \mu h(x)$$

를 이 문제에 대한 **라그랑지안(*Lagrangian*)**이라 한다.

A.4 함수의 개형

정   리 33 (함수의 개형). 두 번 미분 가능한 함수 $f(x)$에 대해, $y = f(x)$의 그래프의 개형을 그리는 방법은 다음과 같다.

(a) 정의역에서의 경계값들(열려 있는 곳에서는 닫혀 있다고 가정하고)과 극값들을 찾는다.

(b) 경계값과 극값들에 대해 극대, 극소, 변곡점(deflection point) 표시를 한다.

(c) 경계값과 극값에 의해 나뉘어진 구간별로 함수의 증감표시를 한다.

(d) x축 절편과 y축 절편을 구한다.

(e) 이렇게 해서 구한 점들을 구간별 증감상태 및 점의 특성(극대, 극소, 변곡)을 반영하여 이어 그린다.

정　　리 34 (다항함수의 개형). n차 다항함수

$$f(x) = \sum_{i=0}^{n} a_i x^i \ (a_n \neq 0)$$

에 대해,

(a) $a_n > 0$이면 $y = f(x)$는 오른쪽 끝부분이 증가하는 형태이고,

(b) $a_n < 0$이면 $y = f(x)$는 오른쪽 끝부분이 감소하는 형태이다.

(c) $f(x)$는 n번의 증감상태를 갖는다.

(d) 변곡점이 존재하는 경우에는 극대값과 극소값이 합쳐져서 변곡점이 되는 형태이므로, $f(x)$는 $n-1$번의 증감상태를 갖는다.

예　　시 6. $y = x^3 - 3x$의 그래프를 그리시오.

풀   이. $f(x) = x^3 - 3x$이라 하면, $f'(x) = 3x^2 - 3$ 및 $f''(x) = 6x$이므로,

$f(x) = 0$; $f(x)$를 인수분해하면,

$$x\left(x + \sqrt{3}\right)\left(x - \sqrt{3}\right) = 0.$$

$$\therefore\ x = -\sqrt{3},\ x = 0,\ \text{또는}\ x = \sqrt{3}.$$

$f'(x) = 0$; $f'(x)$를 인수분해하면,

$$3(x + 1)(x - 1) = 0.$$

$$\therefore\ x = -1\ \text{또는}\ x = 1.$$

$f''(x) = 0$; $x = 0$에 변곡점이 있다.

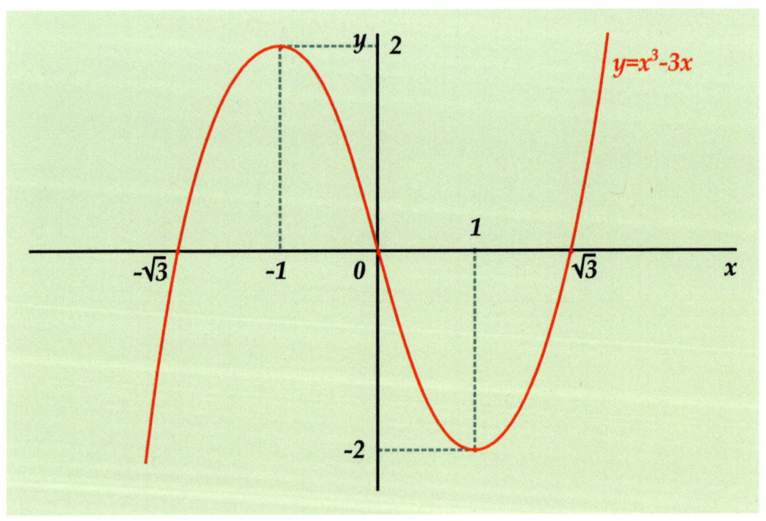

x	-1	1
$f(x)$	2	-2
$f''(x)$	-6	6
	(극대)	(극소)

□

예   시 7. $y = -3x^4 + 6x^2$의 그래프를 그리시오.

풀   이. $f(x) = -3x^4 + 6x^2$이라 하면, $f'(x) = -12x^3 + 12x$ 및 $f''(x) = -36x^2 + 12$이므로,

$f(x) = 0$; $f(x)$를 인수분해하면,

$$-3x^2\left(x + \sqrt{2}\right)\left(x - \sqrt{2}\right) = 0.$$

$$\therefore\ x = -1,\ x = 0(중근),\ 또는\ x = 1.$$

$f'(x) = 0$; $f'(x)$를 인수분해하면,

$$-12x^2(x - 1)(x + 1) = 0.$$

$$\therefore\ x = -1,\ x = 0(중근),\ 또는\ x = 1.$$

$f''(x) = 0$; $x = \pm\dfrac{1}{\sqrt{3}}$에 변곡점이 있다.

x	-1	0	1
$f(x)$	3	0	3
$f''(x)$	-24	12	-24
	(극대)		(극소)

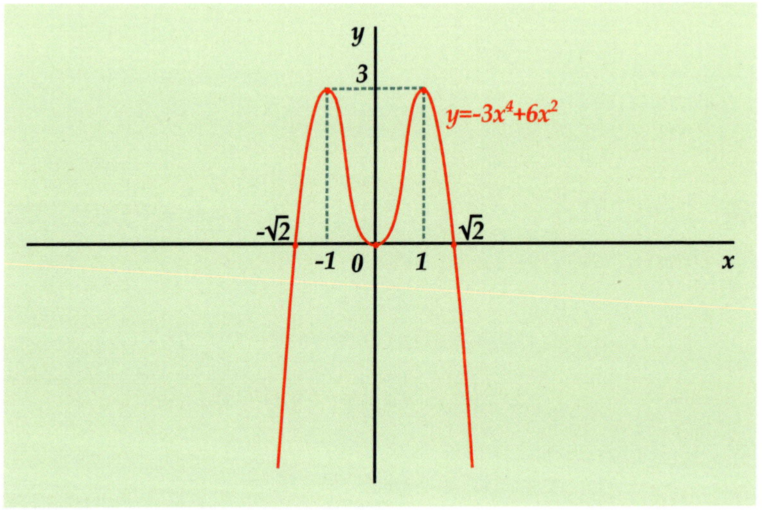

$\square$

예   시 8. $y = 2x^3 + 1$의 그래프를 그리시오.

풀   이. $f(x) = 2x^3 + 1$이라 하면, $f'(x) = 6x^2$ 및 $f''(x) = 12x$이므로,

$$f(x) = 0;$$

$$x = -\frac{1}{\sqrt[3]{2}}.$$

$f'(x) = 0;$

$$x = 0.$$

$f''(x) = 0;\ x = 0$에 변곡점이 있다.

x	0
$f(x)$	1
$f''(x)$	0
	(변곡점)

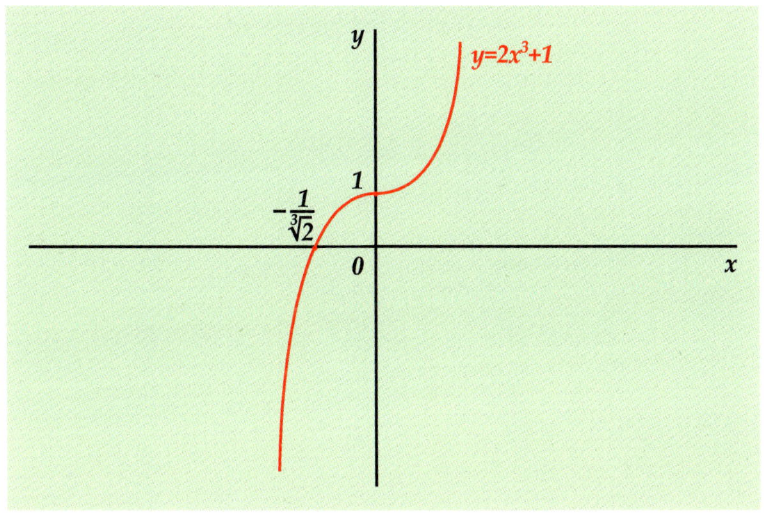

A.5   로피탈의 법칙과 편미분

정   리 35 (로피탈의 법칙(L'Hospital's Rule)). $x = c \in \mathbb{R} \cup \{-\infty, \infty\}$에서 미분 가능한 두 함수 $f(x)$와 $g(x)$에 대해,

$$\lim_{x \to c} f(x) = \lim_{x \to c} g(x) = 0$$

이거나

$$\lim_{x \to c} |f(x)| = \lim_{x \to c} |g(x)| = \infty$$

이고,

$$\lim_{x \to c} \frac{f'(x)}{g'(x)} = L \in \mathbb{R} \cup \{-\infty, \infty\}$$

이면,

$$\lim_{x \to c} \frac{f(x)}{g(x)} = \lim_{x \to c} \frac{f'(x)}{g'(x)} = L.$$

이는 좌극한이나 우극한에도 그대로 적용된다.

정   의 36 (편미분). 실수 h와 x와 y에 관한 함수 $f(x, y)$에 대하여,

$$f_x(x, y) = \frac{\partial}{\partial x} f(x, y) := \lim_{h \to 0} \frac{f(x + h, y) - f(x, y)}{h}$$

가 존재할 때, 이를 $f(x, y)$의 x에 대한 **1계 편도함수** (*first-order partial derivative with respect to x*)라 하며,

$$f_{xx}(x, y) = \frac{\partial^2}{\partial x^2} f(x, y) := \frac{\partial}{\partial x} f_x(x, y)$$
$$= \lim_{h \to 0} \frac{f_x(x + h, y) - f_x(x, y)}{h}$$

가 존재할 때, 이를 $f(x, y)$의 x에 대한 **2계 편도함수** (*second-order partial derivative with respect to x*)라 한다.

$$f_{xy}(x, y) = \frac{\partial^2}{\partial y \partial x} f(x, y) := \frac{\partial}{\partial y} f_x(x, y)$$
$$= \lim_{h \to 0} \frac{f_x(x, y + h) - f_x(x, y)}{h}$$

가 존재할 때, 이를 $f(x, y)$의 x와 y에 대한 **2계 편도함수** (*second-order partial derivative with respect to x and y*) 라 한다.

주   의 4. 정의상, x에 대한 편도함수는 y를 상수로 취급하고 미분한 것을 뜻한다.

A.6 부정적분

> **정   의 37** (부정적분). 함수 $f(x)$를 도함수로 갖는 함수를 $f(x)$의 **부정적분**(*indefinite integral*) 혹은 **역도함수** (*antiderivative*)라 하고
>
> $$\int f(x)dx$$
>
> 로 나타낸다.

> **따름정리 3.** 함수 $f(x)$에 대하여,
>
> $$\frac{d}{dx}\int f(x)dx = f(x).$$

증   명. 함수 $f(x)$에 대하여,

$$\frac{d}{dx}\int f(x)dx$$

는 $f(x)$를 도함수로 갖는 함수

$$\int f(x)dx$$

의 도함수이므로 $f(x)$가 된다. □

따름정리 4. 함수 $f(x)$와 임의의 상수 $C \in \mathbb{R}$에 대하여

$$\int \frac{df(x)}{dx}\,dx = f(x) + C.$$

증 명. 함수 $f(x)$와 임의의 상수 $C \in \mathbb{R}$에 대하여

$$\int \frac{df(x)}{dx}\,dx = \int \frac{d}{dx}[f(x) + C]\,dx$$

는

$$\frac{d}{dx}[f(x) + C]$$

를 도함수로 갖는 함수이므로 $f(x) + C$가 된다. $\qquad\square$

주 의 5. 즉, 부정적분은 미분의 역산이고 미분은 부정적분의 역산이다.

정 리 36. 상수 $k, n, C \in \mathbb{R}$와 함수 $f(x)$와 $g(x)$에 대해서,

(a) $\displaystyle \int kf(x)dx = k \int f(x)dx,$

(b) $\displaystyle \int [f(x) \pm g(x)]\,dx = \int f(x)dx \pm \int g(x)dx,$

(c) $\displaystyle \int x^n dx = \begin{cases} \dfrac{1}{n+1}x^{n+1} + C, & \text{if } n \neq -1; \\[2mm] \ln x + C, & \text{if } n = -1, \end{cases}$

(d) $\displaystyle \int e^x dx = e^x + C,$

$$(e) \int dx = x + C.$$

정   리 37 (부분적분(Integration by Parts)). 미분 가능한 함수 $f(x)$와 $g(x)$에 대해,

$$\int f(x)g'(x)dx = f(x)g(x) - \int f'(x)g(x)dx + C.$$

Derivatives		Integrals	Sum of Products
$f(x)$		$g'(x)$	
	$\searrow^{(+)}$		
$f'(x)$	$\xrightarrow{(-)}$	$g(x)$	$f(x)g(x)$ $- \int f'(x)g(x)dx$

예   시 9. xe^x를 적분하라.

풀   이. xe^x를 적분하면 다음과 같다.

$$\int xe^x dx = xe^x - \int e^x dx + C = xe^x - e^x + C.$$

Derivatives		Integrals	Sum of Products
x		e^x	
	$\searrow^{(+)}$ $\xrightarrow{(-)}$		
1		e^x	$xe^x - \displaystyle\int e^x dx$

$$\int xe^x dx = xe^x - e^x + C.$$

Derivatives		Integrals	Sum of Products
x		e^x	
	$\searrow^{(+)}$		
1		e^x	
	$\searrow^{(-)}$ $\xrightarrow{(+)}$		
0		e^x	$xe^x - e^x$

$\square$

풀   이. $x^2 e^x$를 적분하면 다음과 같다.

$$\int x^2 e^x dx = x^2 e^x - 2xe^x + 2e^x + C.$$

Derivatives		Integrals	Sum of Products
x^2		e^x	
	$\searrow$ (+)		
$2x$		e^x	
	$\searrow$ (−)		
2		e^x	
	$\searrow$ (+)		
0	$\xrightarrow{(−)}$	e^x	$x^2 e^x - 2xe^x + 2e^x$

□

정   의 38 (부정중적분). 함수 $f(x,y)$에 대하여,

$$\iint f(x,y)\,dxdy := \int \left[\int f(x,y)\,dx \right] dy$$

를 $f(x,y)$의 x와 y에 대한 **부정중적분(indefinite double integral)**이라 한다.

주   의 6. 중적분은 특정변수만 변수로 보고 나머지 변수는 상수로 보아 적분한 후, 또 다른 변수를 변수로 보고 나머지 변수는 상수로 보아 적분하는 방식으로 정의된다.

A.7   정적분

정 의 39 (정적분). 함수 $f(x)$에 대해서 $x = a$부터 $x = b$까지 선분 $f(x)$의 길이를 쌓은 총합을 $x = a$부터 $x = b$까지 $f(x)$의 **정적분(*definite integral*)**이라 하고

$$\int_a^b f(x)dx$$

로 나타낸다.

주 의 7. $f(x)$가 $x = a$부터 $x = b$까지 모두 양의 값을 갖는다면,

$$\int_a^b f(x)dx$$

는 $y = f(x)$와 x축 사이에서 $x = a$부터 $x = b$까지의 면적을 의미하며, $f(x)$가 $x = a$부터 $x = b$까지 모두 음의 값을 갖는다면,

$$\int_a^b f(x)dx$$

는 $y = f(x)$와 x축 사이에서 $x = a$부터 $x = b$까지의 면적에 -1을 곱한 값을 의미한다. $f(x)$가 선분의 길이가 아니라 면적을 나타낸다면,

$$\int_a^b f(x)dx$$

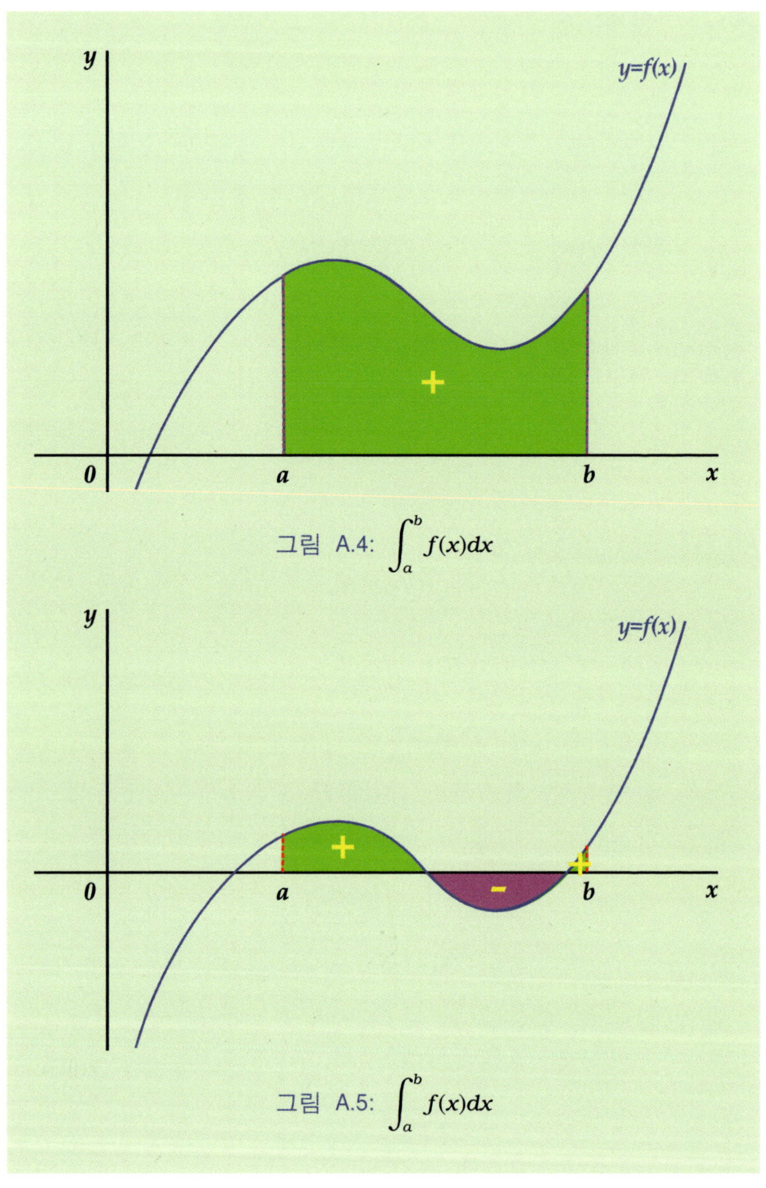

그림 A.4: $\int_a^b f(x)dx$

그림 A.5: $\int_a^b f(x)dx$

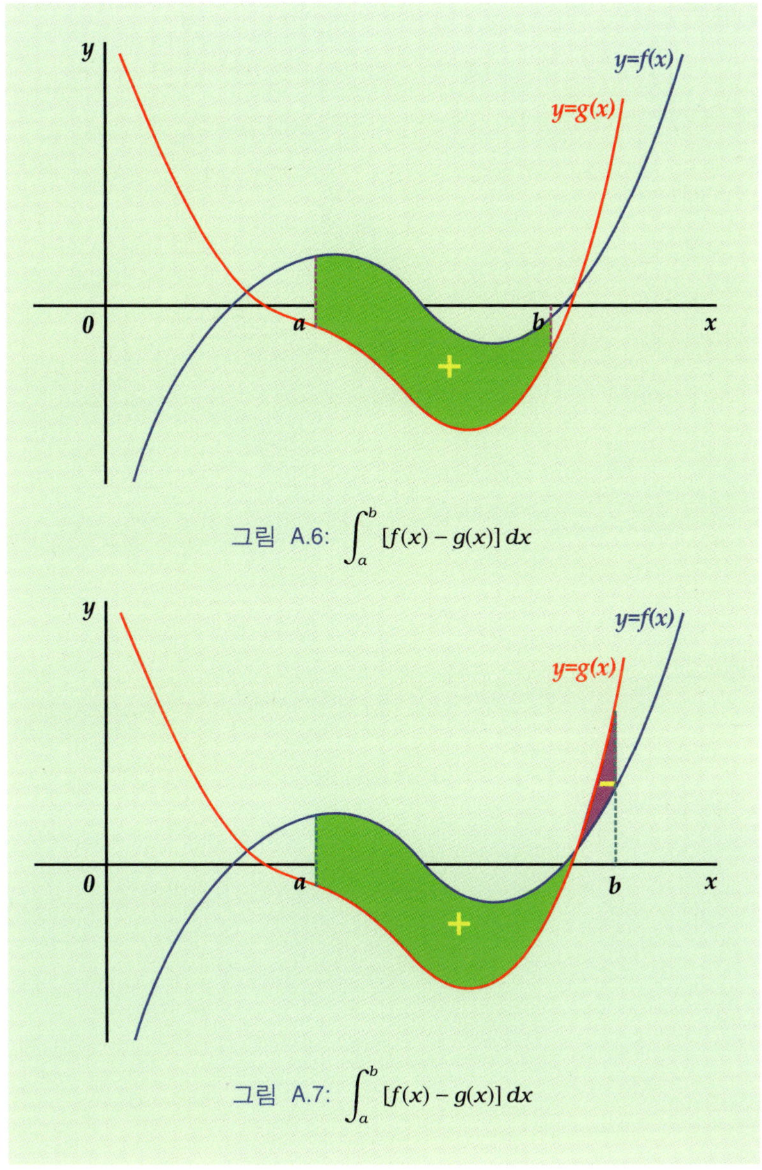

그림 A.6: $\displaystyle\int_a^b [f(x) - g(x)]\, dx$

그림 A.7: $\displaystyle\int_a^b [f(x) - g(x)]\, dx$

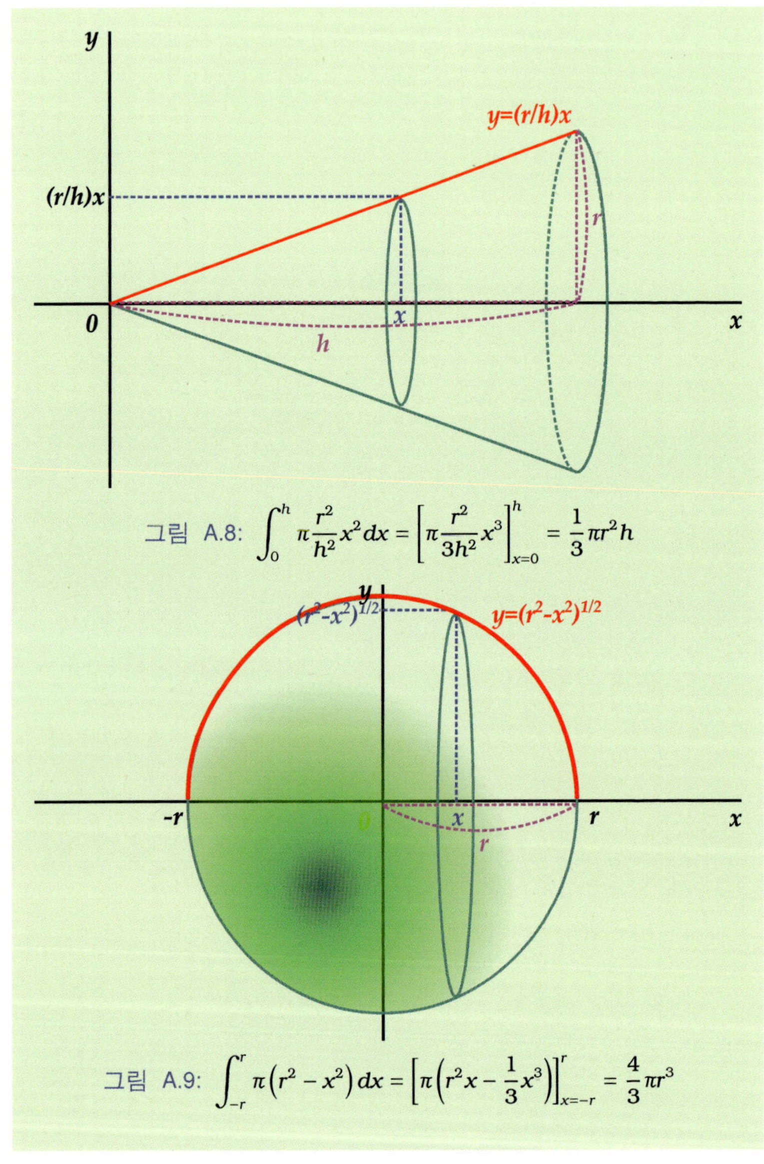

그림 A.8: $\displaystyle\int_0^h \pi\frac{r^2}{h^2}x^2\,dx = \left[\pi\frac{r^2}{3h^2}x^3\right]_{x=0}^{h} = \frac{1}{3}\pi r^2 h$

그림 A.9: $\displaystyle\int_{-r}^{r} \pi\left(r^2 - x^2\right)dx = \left[\pi\left(r^2 x - \frac{1}{3}x^3\right)\right]_{x=-r}^{r} = \frac{4}{3}\pi r^3$

는 $x = a$부터 $x = b$까지 면적 $f(x)$를 쌓은 체적(부피)을 의미한다.

정리 38 (미적분학의 기본정리(Fundamental Theorem of Calculus)). 상수 $C \in \mathbb{R}$와 함수 $f(x)$에 대해서

$$\int f(x)dx = F(x) + C$$

이면,

(a) $\displaystyle\int_a^b f(x)dx = [F(x)]_{x=a}^b = F(b) - F(a),$

(b) $\displaystyle\frac{d}{dx}\int_a^x f(t)dt = \frac{d}{dx}[F(x) - F(a)] = f(x).$

정리 39. 상수 $a, b, k \in \mathbb{R}$와 함수 $f(x)$와 $g(x)$에 대해서,

(a) $\displaystyle\int_a^b kf(x)dx = k\int_a^b f(x)dx,$

(b) $\displaystyle\int_a^b f(x)dx = -\int_b^a f(x)dx,$

(c) $\displaystyle\int_a^k f(x)dx + \int_k^b f(x)dx = \int_a^b f(x)dx,$

(d) $\displaystyle\int_a^b [f(x) \pm g(x)]\,dx = \int_a^b f(x)dx \pm \int_a^b g(x)dx,$

(e) $y = f(x)$와 $y = g(x)$ 사이의 선분 $f(x) - g(x)$의 길이를

$x = a$부터 $x = b$까지 쌓은 총합은

$$\int_a^b [f(x) - g(x)]\, dx = \int_a^b f(x)dx - \int_a^b g(x)dx.$$

정   의 40 (정중적분). 함수 $f(x, y)$에 대하여,

$$\int_a^b \int_c^d f(x, y)\, dxdy := \int_a^b \left[\int_c^d f(x, y)\, dx \right] dy$$

를 $f(x, y)$의 x와 y에 대한 *정중적분(definite double integral)*이라 한다.

주   의 8. 중적분은 특정변수만 변수로 보고 나머지 변수는 상수로 보아 적분한 후, 또 다른 변수를 변수로 보고 나머지 변수는 상수로 보아 적분하는 방식으로 정의된다.

부록 B

표준정규분포표

$$\Phi(z) = \int_{-\infty}^{z} \frac{1}{\sqrt{2\pi}} \exp\left(-\frac{1}{2}x^2\right) dx$$

z	0.00	0.01	0.02	0.03	0.04	0.05	0.06	0.07	0.08	0.09
-3.50	0.0002	0.0002	0.0002	0.0002	0.0002	0.0002	0.0002	0.0002	0.0002	0.0002
-3.40	0.0003	0.0003	0.0003	0.0003	0.0003	0.0003	0.0003	0.0003	0.0003	0.0002
-3.30	0.0005	0.0005	0.0005	0.0004	0.0004	0.0004	0.0004	0.0004	0.0004	0.0003
-3.20	0.0007	0.0007	0.0006	0.0006	0.0006	0.0006	0.0006	0.0005	0.0005	0.0005
-3.10	0.0010	0.0009	0.0009	0.0009	0.0008	0.0008	0.0008	0.0008	0.0007	0.0007
-3.00	0.0013	0.0013	0.0013	0.0012	0.0012	0.0011	0.0011	0.0011	0.0010	0.0010
-2.90	0.0019	0.0018	0.0018	0.0017	0.0016	0.0016	0.0015	0.0015	0.0014	0.0014
-2.80	0.0026	0.0025	0.0024	0.0023	0.0023	0.0022	0.0021	0.0021	0.0020	0.0019
-2.70	0.0035	0.0034	0.0033	0.0032	0.0031	0.0030	0.0029	0.0028	0.0027	0.0026
-2.60	0.0047	0.0045	0.0044	0.0043	0.0041	0.0040	0.0039	0.0038	0.0037	0.0036
-2.50	0.0062	0.0060	0.0059	0.0057	0.0055	0.0054	0.0052	0.0051	0.0049	0.0048
-2.40	0.0082	0.0080	0.0078	0.0075	0.0073	0.0071	0.0069	0.0068	0.0066	0.0064
-2.30	0.0107	0.0104	0.0102	0.0099	0.0096	0.0094	0.0091	0.0089	0.0087	0.0084
-2.20	0.0139	0.0136	0.0132	0.0129	0.0125	0.0122	0.0119	0.0116	0.0113	0.0110
-2.10	0.0179	0.0174	0.0170	0.0166	0.0162	0.0158	0.0154	0.0150	0.0146	0.0143
-2.00	0.0228	0.0222	0.0217	0.0212	0.0207	0.0202	0.0197	0.0192	0.0188	0.0183
-1.90	0.0287	0.0281	0.0274	0.0268	0.0262	0.0256	0.0250	0.0244	0.0239	0.0233
-1.80	0.0359	0.0351	0.0344	0.0336	0.0329	0.0322	0.0314	0.0307	0.0301	0.0294
-1.70	0.0446	0.0436	0.0427	0.0418	0.0409	0.0401	0.0392	0.0384	0.0375	0.0367
-1.60	0.0548	0.0537	0.0526	0.0516	0.0505	0.0495	0.0485	0.0475	0.0465	0.0455
-1.50	0.0668	0.0655	0.0643	0.0630	0.0618	0.0606	0.0594	0.0582	0.0571	0.0559
-1.40	0.0808	0.0793	0.0778	0.0764	0.0749	0.0735	0.0721	0.0708	0.0694	0.0681

z	0.00	0.01	0.02	0.03	0.04	0.05	0.06	0.07	0.08	0.09
-1.30	0.0968	0.0951	0.0934	0.0918	0.0901	0.0885	0.0869	0.0853	0.0838	0.0823
-1.20	0.1151	0.1131	0.1112	0.1093	0.1075	0.1056	0.1038	0.1020	0.1003	0.0985
-1.10	0.1357	0.1335	0.1314	0.1292	0.1271	0.1251	0.1230	0.1210	0.1190	0.1170
-1.00	0.1587	0.1562	0.1539	0.1515	0.1492	0.1469	0.1446	0.1423	0.1401	0.1379
-0.90	0.1841	0.1814	0.1788	0.1762	0.1736	0.1711	0.1685	0.1660	0.1635	0.1611
-0.80	0.2119	0.2090	0.2061	0.2033	0.2005	0.1977	0.1949	0.1922	0.1894	0.1867
-0.70	0.2420	0.2389	0.2358	0.2327	0.2296	0.2266	0.2236	0.2206	0.2177	0.2148
-0.60	0.2743	0.2709	0.2676	0.2643	0.2611	0.2578	0.2546	0.2514	0.2483	0.2451
-0.50	0.3085	0.3050	0.3015	0.2981	0.2946	0.2912	0.2877	0.2843	0.2810	0.2776
-0.40	0.3446	0.3409	0.3372	0.3336	0.3300	0.3264	0.3228	0.3192	0.3156	0.3121
-0.30	0.3821	0.3783	0.3745	0.3707	0.3669	0.3632	0.3594	0.3557	0.3520	0.3483
-0.20	0.4207	0.4168	0.4129	0.4090	0.4052	0.4013	0.3974	0.3936	0.3897	0.3859
-0.10	0.4602	0.4562	0.4522	0.4483	0.4443	0.4404	0.4364	0.4325	0.4286	0.4247
0.00	0.5000	0.5040	0.5080	0.5120	0.5160	0.5199	0.5239	0.5279	0.5319	0.5359
0.10	0.5398	0.5438	0.5478	0.5517	0.5557	0.5596	0.5636	0.5675	0.5714	0.5753
0.20	0.5793	0.5832	0.5871	0.5910	0.5948	0.5987	0.6026	0.6064	0.6103	0.6141
0.30	0.6179	0.6217	0.6255	0.6293	0.6331	0.6368	0.6406	0.6443	0.6480	0.6517
0.40	0.6554	0.6591	0.6628	0.6664	0.6700	0.6736	0.6772	0.6808	0.6844	0.6879
0.50	0.6915	0.6950	0.6985	0.7019	0.7054	0.7088	0.7123	0.7157	0.7190	0.7224
0.60	0.7257	0.7291	0.7324	0.7357	0.7389	0.7422	0.7454	0.7486	0.7517	0.7549
0.70	0.7580	0.7611	0.7642	0.7673	0.7704	0.7734	0.7764	0.7794	0.7823	0.7852
0.80	0.7881	0.7910	0.7939	0.7967	0.7995	0.8023	0.8051	0.8078	0.8106	0.8133
0.90	0.8159	0.8186	0.8212	0.8238	0.8264	0.8289	0.8315	0.8340	0.8365	0.8389
1.00	0.8413	0.8438	0.8461	0.8485	0.8508	0.8531	0.8554	0.8577	0.8599	0.8621
1.10	0.8643	0.8665	0.8686	0.8708	0.8729	0.8749	0.8770	0.8790	0.8810	0.8830
1.20	0.8849	0.8869	0.8888	0.8907	0.8925	0.8944	0.8962	0.8980	0.8997	0.9015
1.30	0.9032	0.9049	0.9066	0.9082	0.9099	0.9115	0.9131	0.9147	0.9162	0.9177
1.40	0.9192	0.9207	0.9222	0.9236	0.9251	0.9265	0.9279	0.9292	0.9306	0.9319
1.50	0.9332	0.9345	0.9357	0.9370	0.9382	0.9394	0.9406	0.9418	0.9429	0.9441
1.60	0.9452	0.9463	0.9474	0.9484	0.9495	0.9505	0.9515	0.9525	0.9535	0.9545
1.70	0.9554	0.9564	0.9573	0.9582	0.9591	0.9599	0.9608	0.9616	0.9625	0.9633
1.80	0.9641	0.9649	0.9656	0.9664	0.9671	0.9678	0.9686	0.9693	0.9699	0.9706
1.90	0.9713	0.9719	0.9726	0.9732	0.9738	0.9744	0.9750	0.9756	0.9761	0.9767
2.00	0.9772	0.9778	0.9783	0.9788	0.9793	0.9798	0.9803	0.9808	0.9812	0.9817
2.10	0.9821	0.9826	0.9830	0.9834	0.9838	0.9842	0.9846	0.9850	0.9854	0.9857
2.20	0.9861	0.9864	0.9868	0.9871	0.9875	0.9878	0.9881	0.9884	0.9887	0.9890
2.30	0.9893	0.9896	0.9898	0.9901	0.9904	0.9906	0.9909	0.9911	0.9913	0.9916
2.40	0.9918	0.9920	0.9922	0.9925	0.9927	0.9929	0.9931	0.9932	0.9934	0.9936
2.50	0.9938	0.9940	0.9941	0.9943	0.9945	0.9946	0.9948	0.9949	0.9951	0.9952
2.60	0.9953	0.9955	0.9956	0.9957	0.9959	0.9960	0.9961	0.9962	0.9963	0.9964
2.70	0.9965	0.9966	0.9967	0.9968	0.9969	0.9970	0.9971	0.9972	0.9973	0.9974
2.80	0.9974	0.9975	0.9976	0.9977	0.9977	0.9978	0.9979	0.9979	0.9980	0.9981
2.90	0.9981	0.9982	0.9982	0.9983	0.9984	0.9984	0.9985	0.9985	0.9986	0.9986
3.00	0.9987	0.9987	0.9987	0.9988	0.9988	0.9989	0.9989	0.9989	0.9990	0.9990
3.10	0.9990	0.9991	0.9991	0.9991	0.9992	0.9992	0.9992	0.9992	0.9993	0.9993
3.20	0.9993	0.9993	0.9994	0.9994	0.9994	0.9994	0.9994	0.9995	0.9995	0.9995
3.30	0.9995	0.9995	0.9995	0.9996	0.9996	0.9996	0.9996	0.9996	0.9996	0.9997
3.40	0.9997	0.9997	0.9997	0.9997	0.9997	0.9997	0.9997	0.9997	0.9997	0.9998
3.50	0.9998	0.9998	0.9998	0.9998	0.9998	0.9998	0.9998	0.9998	0.9998	0.9998

참고 문헌

Banz, R. W. (1981). The relationship between return and market value of common stocks. *Journal of Financial Economics 9*(1), 3–18.

Basu, S. (1977). Investment performance of common stocks in relation to their price-earnings ratios: A test of the efficient market hypothesis. *Journal of Finance 32*(3), 663–682.

Baxter, M. and A. Rennie (1996). *Financial Calculus: An Introduction to Derivative Pricing*. Cambridge University Press.

Black, F. (1976). The pricing of commodity contracts. *Journal of Financial Economics 3*(1-2), 167–179.

Black, F. and M. Scholes (1973). The pricing of options and corporate liabilities. *The Journal of Political Economy 81*(3), 637–654.

Brealey, R. A., S. C. Myers, and A. J. Marcus (2001). *Fundamentals of Corporate Finance* (3rd ed.). The McGraw-Hill Companies, Inc.

Burger, J. D. and F. E. Warnock (2007). Foreign participation in local currency bond markets. *Review of Financial Economics 16*(3), 291–304.

Copeland, T. E. and J. F. Weston (1992). *Financial Theory and Corporate Policy* (3rd ed.). Addison-Wesley Publishing Company.

Cox, J. C., S. A. Ross, and M. Rubinstein (1979). Option pricing: A simplified approach. *Journal of Financial Economics 7*(3), 229 –263.

Danthine, J. and J. B. Donaldson (2005). *Intermediate Financial Theory* (2nd ed.). Academic Press.

Delbaen, F. and W. Schachermayer (2006). *The Mathematics of Arbitrage*. Springer-Verlag Berlin Heidelberg.

Devore, J. L. (2004). *Probability and Statistics for Engineering and the Sciences* (International Student 6th ed.). Brooks/Cole.

Devore, J. L. and K. N. Berk (2007). *Modern Mathematical Statistics with Applications* (International Student ed.). Duxbury Press.

Dineen, S. (2005). *Probability Theory in Finance: A Mathematical Guide to the Black-Scholes Formula*. American Mathematical Society.

Duffie, D. (1988). *Security Markets Stochastic Models*. Academic Press, Inc.

Duffie, D. (1989). *Futures Markets*. Prentice-Hall, Inc.

Durrett, R. (1999). *Essentials of Stochastic Processes*. Springer-Verlag New York, Inc.

Durrett, R. (2005). *Probability: Theory and Examples* (3rd ed.). Duxbury Press.

Etheridge, A. (2002). *A Course in Financial Calculus*. Cambridge University Press.

Fama, E. F. (1965a). The behavior of stock-market prices. *Journal of Business 38*(1), 34–105.

Fama, E. F. (1965b). Random walks in stock market prices. *Financial Analysts Journal 21*(5), 55–59.

Fama, E. F. (1970). Efficient capital markets: A review of theory and empirical work. *Journal of Finance 25*(2), 383–417.

Fama, E. F. (1976). *Foundations of Finance*. Basic Books.

French, K. R. (1980). Stock returns and the weekend effect. *Journal of Financial Economics 8*(1), 55–69.

French, K. R. and J. M. Poterba (1991). Investor diversification and international equity markets. *American Economic Review 81*(2), 222–226.

Grigoriu, M. (2002). *Stochastic Calculus: Applications in Science and Engineering*. Birkhauser Boston.

Harrison, J. and D. Kreps (1979). Martingales and arbitrage in multiperiod securities markets. *Journal of Economic Theory 20*(3), 381–408.

Harrison, J. M. and S. R. Pliska (1981). Martingales and stochastic integrals in the theory of continuous trading. *Stochastic Processes and Their Applications 11*, 215–260.

Harrison, J. M. and S. R. Pliska (1983). A stochastic calculus model of continuous trading: Complete markets. *Stochastic Processes and Their Applications 15*, 313–316.

Haug, E. G. (2007). *The Complete Guide to Option Pricing Formulas* (2nd ed.). The McGraw-Hill Companies, Inc.

Hogg, R. V., A. T. Craig, and J. W. McKean (2005). *Introduction to Mathematical Statistics* (6th ed.). Prentice Hall.

Huang, C. and R. H. Litzenberger (1988). *Foundations for Financial Economics*. North-Holland/Elsevier Science Publishing Co., Inc.

Hull, J. C. (2006). *Options, Futures, and Other Derivatives* (6th ed.). Prentice Hall.

Jegadeesh, N. and S. Titman (1993). Returns to buying winners and selling losers: Implications for stock market efficiency. *Journal of Finance 48*(1), 65–91.

Judge, G. G., R. C. Hill, W. E. Griffiths, H. Lutkepohl, and T. Lee (1988). *Introduction to the Theory and Practice of Econometrics* (2nd ed.). John Wiley & Sons, Inc.

Keim, D. B. (1983). Size-related anomalies and stock return seasonality : Further empirical evidence. *Journal of Financial Economics 12*(1), 13–32.

Kreps, D. M. (1981). Arbitrage and equilibrium in economies with infinitely many commodities. *Journal of Mathematical Economics 8*(1), 15–35.

Kwok, Y. (1998). *Mathematical Models of Financial Derivatives.* Springer-Verlag Singapore Pte. Ltd.

Lintner, J. (1965). The valuation of risk assets and the selection of risky investments in stock portfolios and capital budgets. *The Review of Economics and Statistics 47*(1), 13–39.

Markowitz, H. M. (1952). Portfolio selection. *Journal of Finance 7*(1), 77–91.

Markowitz, H. M. (1956). The optimization of a quadratic function subject to linear constraints. *Naval Research Logistics Quarterly 3*(1-2), 111–133.

Markowitz, H. M. (1959). *Portfolio Selection: Efficient Diversification of Investments*. New York: John Wiley & Sons, Inc.

Merton, R. C. (1973a). The relationship between put and call option prices: Comment. *Journal of Finance 28*(1), 183–184.

Merton, R. C. (1973b). Theory of rational option pricing. *The Bell Journal of Economics and Management Science 4*(1), 141–183.

Merton, R. C. (1974). On the pricing of corporate debt: The risk structure of interest rates. *The Journal of Finance 29*(2), 449–470.

Merton, R. C. (1976). Option pricing when underlying stock returns are discontinuous. *Journal of Financial Economics 3*, 125–144.

Merton, R. C. (1992). *Continuous-Time Finance*. Wiley-Blackwell.

Mishkin, F. S. (2007). *The Economics of Money, Banking, and Financial Markets* (Pearson International 8th ed.). Pearson Education, Inc.

Mood, A. M., F. A. Graybill, and D. C. Boes (1974). *Intro-duction to the Theory of Statistics* (McGraw-Hill International 3rd ed.). McGraw-Hill, Inc.

Mossin, J. (1966). Equilibrium in a capital asset market. *Econometrica 34*(4), 768–783.

Musiela, M. and M. Rutkowski (2005). *Martingale Methods in Financial Modelling* (2nd ed.). Springer-Verlag Berlin Heidelberg.

Pennacchi, G. (2008). *Theory of Asset Pricing* (International ed.). Pearson Education, Inc.

Reinganum, M. R. (1981). Misspecification of capital asset pricing : Empirical anomalies based on earnings' yields and market values. *Journal of Financial Economics 9*(1), 19–46.

Reinganum, M. R. (1983). The anomalous stock market behavior of small firms in January : Empirical tests for tax-loss selling effects. *Journal of Financial Economics 12*(1), 89–104.

Ross, S. A. (1976). The arbitrage theory of capital asset pricing. *Journal of Economic Theory 13*(3), 341–360.

Ross, S. A., R. W. Westerfield, and B. D. Jordan (2006). *Corporate Finance Fundamentals* (7th Korean language ed.). McGraw-Hill Korea, Inc.

Ross, S. M. (1996). *Stochastic Processes* (2nd ed.). John Wiley & Sons, Inc.

Ross, S. M. (2000). *Introduction to Probability Models* (7th ed.). Academic Press.

Samuelson, P. A. (1965a). Proof that properly anticipated prices fluctuate randomly. *Industrial Management Review 6*, 41–49.

Samuelson, P. A. (1965b). Rational theory of warrant pricing. *Industrial Management Review 6*, 13–31.

Sharpe, W. F. (1963). A simplified model for portfolio analysis. *Management Science 9*(2), 277–293.

Sharpe, W. F. (1964). Capital asset prices: A theory of market equilibrium under conditions of risk. *The Journal of Finance 19*(3), 425–442.

Shreve, S. E. (2004). *Stochastic Calculus for Finance II: Continuous-Time Models*. Springer Science+Business Media, Inc.

Sorensen, B. E., Y.-T. Wu, O. Yosha, and Y. Zhu (2007). Home bias and international risk sharing: Twin puzzles separated at birth. *Journal of International Money and Finance 26*(4), 587–605.

Stewart, J. (1999). *Calculus: Early Transcendentals* (4th ed.). Brooks/Cole Publishing Company.

Stoll, H. R. (1969). The relationship between put and call option prices. *Journal of Finance 24*(5), 801–824.

Tesar, L. L. and I. M. Werner (1995). Home bias and high turnover. *Journal of International Money and Finance 14*(4), 467–492.

Thomas, G. B., R. L. Finney, and M. D. Weir (1995). *Calculus and Analytic Geometry* (9th ed.). Addison-Wesley Publishing Company.

Tirole, J. (2006). *The Theory of Corporate Finance*. Princeton University Press.

Tsay, R. S. (2005). *Analysis of Financial Time Series* (2nd ed.). John Wiley & Sons, Inc.

조승모 (曺承模) ────────────

고려대학교 경영학 학사.
고려대학교 경영학 석사 (재무론 전공).
고려대학교 경영학 박사 (재무론 전공).
경북대학교 경상대학 경영학부 초빙교수.
choseungmo@hanmail.net

현대
투자론
입문

초 판 인 쇄 │ 2011년 10월 25일
초 판 발 행 │ 2011년 10월 25일

지 은 이 │ 조승모
펴 낸 이 │ 채종준
펴 낸 곳 │ 한국학술정보㈜
주   소 │ 경기도 파주시 문발동 파주출판문화정보산업단지 513-5
전   화 │ 031) 908-3181(대표)
팩   스 │ 031) 908-3189
홈 페 이 지 │ http://ebook.kstudy.com
E-mail │ 출판사업부 publish@kstudy.com
등   록 │ 제일산-115호(2000. 6. 19)

ISBN   978-89-268-2767-3 93320 (Paper Book)
           978-89-268-2768-0 98320 (e-Book)